KOSMOS
Claudia Bergmann-Scholvien
Schüßler-Salze für meinen Hund

Einleitung ›4

Die Methode

Alles Wichtige über Schüßler-Salze ›14
Wer war Dr. Wilhelm Heinrich Schüßler? ›14
Welche Faktoren begünstigen Krankheiten? ›15
Schüßler-Therapie bei Mensch und Tier ›17
Klassische Homöopathie und Schüßler-Salze ›18
Was bewirken Schüßler-Salze? ›18
Warum werden die Mineralsalze verdünnt? ›19
Vom Umgang mit Schüßler-Salzen ›20
Wie gelangen die Schüßler-Salze in den Körper? ›21
Darreichungsformen von Schüßler-Salzen ›22
Wie werden die Schüßler-Salze hergestellt? ›22
Wo sind Schüßler-Salze erhältlich? ›23
Unterschiede bei Herstellern von Schüßler-Salzen ›24
Wer kann Schüßler-Salze verwenden? ›24
Gibt es Nebenwirkungen? ›24
Was muss ich bei der Gabe beachten? ›27
Die richtige Dosis 28
Kombination von Salzen und Medikamenten ›30
Dauer der Schüßler-Salz-Gabe ›30
Kann man „zu viel" Schüßler-Salze geben? ›31

Die Schüßler-Salze

Die Salze und ihre Charakteristika ›34
Nr. 1: Calcium fluoratum (D12) ›36
Nr. 2: Calcium phosphoricum (D6) ›41
Nr. 3: Ferrum phosphoricum (D12) ›44

Nr. 4: Kalium chloratum (D6) ›48

Nr. 5: Kalium phosphoricum (D6) ›51

Nr. 6: Kalium sulfuricum (D6) ›55

Nr. 7: Magnesium phosphoricum (D6) ›58

Nr. 8: Natrium chloratum (D6) ›61

Nr. 9: Natrium phosphoricum (D6) ›65

Nr. 10: Natrium sulfuricum (D6) ›68

Nr. 11: Silicea (D12) ›71

Nr. 12: Calcium sulfuricum (D6) ›75

Die Ergänzungsmittel Nr. 13 bis Nr. 24 ›78

Äußere Anwendung von Schüßler-Salzen ›81

Die Anwendungen

Was hält unseren Hund gesund? ›90
Die artgerechte Haltung ›90

Die verschiedenen Lebensphasen ›97
Die tragende und säugende Hündin ›97
Der junge Hund ›98
Der Hund im sportlichen Einsatz ›103
Der alte Hund ›107

Welches Salz bei welcher Krankheit? ›111
Erkrankungen des Bewegungsapparates ›111
Erkrankungen und Verletzungen der Ohren ›116
Wunden und Verletzungen ›117

Probleme des Verdauungstraktes ›119
Erkrankungen des Harnapparates ›125
Störungen des Geschlechtsapparates ›127
Hauterkrankungen und Allergien ›129

Service

Zum Weiterlesen ›136
Nützliche Adressen ›137
Register ›138
Bildnachweis, Impressum ›144

„Wege entstehen dadurch, dass man sie geht." (Franz Kafka)

Die Autorin ebnet uns mit dem vorliegenden Buch einen Weg, den sie selbst schon seit geraumer Zeit beschreitet. In seiner Art ist es bestechend einfach und vermittelt uns in leichter Weise fachlich fundierte Information über Dr. Schüßlers Salze und ihre Wirkungsweise. Damit kann es Hundehalter, Züchter und auch Veterinärmediziner in ihrem Bestreben um die Gesundheit und das Wohlbefinden ihrer Schützlinge hilfreich unterstützen.

Gesundheit und Wohlbefinden für Tiere sind kein Luxus und auch keine hohlen Worte. Ganz im Gegenteil, sie liegen schlicht in unserer menschlichen Verantwortung – diese beginnt, wenn wir anfangen, uns mit einem Tier zu beschäftigen. Albert Schweitzer bringt das in seinem grundlegenden Werk „Kultur und Ethik" sehr genau auf den Punkt: „Ethik ist ins Grenzenlose erweiterte Verantwortung für alles, was lebt." Ist uns ein Tier anvertraut, übernehmen wir die Verantwortung für seine physische und psychische Gesundheit – bis zu dessen Ende.

Im Tierschutzgedanken zeigt sich die Kultur einer Gesellschaft.

Um die physische wie psychische Gesundheit eines Hundes zu erhalten oder wiederherzustellen bedarf es einer konsequenten persönlichen Auseinandersetzung mit dem Thema – ob als Halter, Züchter oder Veterinärmediziner – und den Dialog ebendieser miteinander. Schließlich geht es um ein uns anvertrautes Lebewesen.

Mein berufliches Engagement im Tierschutz zeigt mir immer wieder, wie viel Leid ungewollt aufgrund von mangelndem Wissen entsteht. Als Leiterin eines Tierheims (www.pfotenhilfe.at) bin ich immer wieder traurig berührt von den Opfern, die dann im besten Falle bei uns abgestellt werden, weil sie nicht mehr „funktionieren", oder im schlimmsten Fall – was bei Hunden leider oft der tragische Fall ist – euthanasiert werden.

Ich sehe regelmäßig, welche Erfolge mein Team mit diesen Hunden hat, die wir gemeinsam mit fachlichen Experten psychisch und physisch wieder aufbauen. Wir lernen stets dazu – neue Methoden, neue Erkenntnisse und jeder einzelne Hund helfen uns dabei. So können wir die Ursachen für Verhaltensauffälligkeiten und Krankheiten finden – Unwissen über die „Hundesprache", nicht erkannte körperliche Beschwerden, Leistungsdruck usw. – und Schritt für

Schritt einen sogenannten „braven" Hund aus unserem Schützling machen. Schließlich suchen wir dann ein auf ihn abgestimmtes neues Zuhause.

Immer wieder gelingt es uns, auch Hunde, die als unvermittelbar abgestempelt sind, erfolgreich an ein neues Frauchen oder Herrchen zu vermitteln. Das freudige und gesunde Miteinander dieser Hunde in ihren neuen Familien ist die Bestätigung für unsere ganzheitliche Arbeitsweise.

Schade, dass so viele Hunde zuerst bei uns in der PFOTENHILFE landen müssen. Mein beherzter Wunsch ist, dass die Menschen mehr über ihre Hunde lernen und es ihnen gemeinsam besser geht. Daher gilt mein großer Dank der Autorin, die ihr profundes Know-how so leicht les- und nachvollziehbar zur Verfügung stellt und damit Tiergesundheit von mehreren Seiten beleuchtet. Das ist ein lebendiger Beitrag zum Tierschutz, der ansetzt, bevor Leid entsteht. Wäre es nicht schön, wenn es Ihnen und Ihren Tieren gut geht und Sie sich wohlfühlen in Ihrer Haut? Wäre es nicht schön, wenn Sie die gemeinsamen Stunden mit Ihrem geliebten Vierbeiner im gemeinsamen Verständnis genießen können? Mehr als bisher? Dieses Buch ist zu verstehen als eine Einladung, eine Methode und eine von Respekt getragene Haltung kennenzulernen und auch vieles anzuwenden. So gebe ich Ihnen eine kleine Lesempfehlung für dieses Fachbuch:

> Keine Scheu davor, eigene Fehler zu finden – schlimm wäre nur, sie nicht zu finden und sie weiter zu begehen.
> Freude an der Erkenntnis – sie ermöglicht uns ein größeres Repertoire an Möglichkeiten, sodass wir unsere Entscheidungen auf einem breiteren Fundament treffen können.
> Offenheit für neue Fragen – die gestiegene Qualität von Gespräch und Diskussion wird Ihnen und Ihren Schützlingen neue Möglichkeiten eröffnen.

Ich wünsche Ihnen Freude beim Lesen, Nachdenken, Wiederlesen, Hinterfragen und Finden für gute und gangbare Wege zur Gesundheit Ihres Hundes.

Martina Nachtsheim
VIER PFOTEN – Stiftung für Tierschutz
www.vier-pfoten.de

Verständnis und Respekt sind die wichtigsten Voraussetzungen für eine liebevolle Beziehung zu unseren vierbeinigen Begleitern.

Schüßler-Salze in der Praxis

Auch Vierbeiner profitieren von alternativen Heilmethoden.

Im Laufe der letzten Jahre ist das Bewusstsein praktizierender Veterinärmediziner, aber auch das der Patientenhalter erweitert worden durch die sogenannten Alternativmedizin. Zwar bedürfen die Erfolge, die sich in diesen Bereichen auf dem Sektor der Humanmedizin nachweisen lassen, im Bereich der Tiermedizin noch einer längeren Erprobungszeit. Jedoch erlebt man als praktizierender Tierarzt im Praxisalltag immer wieder Situationen, in denen die Schulmedizin an die Therapiegrenzen stößt, beispielsweise auf dem Sektor der Dermatologie, insbesondere den allergischen Erscheinungen, aber auch bei chronischen Erkrankungen. Gerade in diesen Fällen ist der Halter und auch der Veterinär offen für „risikolose" und auch längerfristig anwendbare Lösungen, die parallel oder anstatt der üblichen Arzneimittel und Pharmaka eingesetzt werden können.

Das vorliegende Buch ist ein guter Leitfaden für den praktizierenden Tiermediziner und auch für den interessierten Hundehalter, der sich mit der Erkrankung seines geliebten Vierbeiners und den damit verbunden Therapiemöglichkeiten auseinandersetzen möchte. Es vermittelt so ausführlich wie nötig, aber auch so knapp wie möglich einen Überblick über die gesamte Anwendung der Schüßler-Salze. Anhand von klinischen Leitsymptomen werden die Anwendungsmöglichkeiten der zwölf Schüßler-Salze dargestellt.

In meiner Praxis kommen neben Homöopathika auch Schüßler-Salze zum Einsatz, mit denen sich als Einzelmedikation, aber auch in Kombination mit bekannten Pharmaka sehr gute Erfolge erzielen lassen. Ich wünsche diesem Buch, das sowohl dem Praktiker als auch dem interessierten Hundebesitzer einen sehr guten Einstieg in die Welt der Schüßler-Salze bietet, eine weite Verbreitung.

Claudia Schmitz , praktizierende Tierärztin

Der Weg zum gesunden Hund

Wer dieses Buch zur Hand nimmt, ist ein Hundefreund, der einen Weg sucht, mit sanften Mitteln seinem Hund etwas Gutes zu tun. Gesundheit und Wohlbefinden des Hundes sind die Voraussetzungen für ein entspanntes Miteinander. Die Lebensfreude, die uns ein gesunder Hund vermittelt, ist auch Ausdruck der Dankbarkeit für unsere Sorgfalt und Verantwortung ihm gegenüber. Wer sein Tier kennt, es liebt und respektiert, kann mit ihm kommunizieren. Der Hund wird sich durch seine Verhaltensweisen und Reaktionen bemerkbar machen, wenn mit ihm etwas nicht stimmt, denn viele Erkrankungen lassen sich nur durch genaues Beobachten erahnen und feststellen.

Mit diesem Buch möchte ich die Sensibilität, die Beobachtungsgabe und das Verständnis des Hundehalters für seinen Hund schulen, ihm die Möglichkeiten der Schüßler-Salz-Therapie nahebringen und ihn damit in die Lage versetzen, diese sanfte Heilweise bei seinem Hund anzuwenden. Um mit Schüßler-Salzen zu arbeiten,

Der Mensch trägt die Verantwortung, dass der Hund gesund bleibt.

Auch meine eigenen Hunde erhalten Schüßler-Salze.

bedarf es einer gewissen Vorkenntnis sowohl über die Funktionsweise der unterschiedlichen Mittel als auch über Mangelsymptome oder Verhaltensauffälligkeiten beim Hund. Lassen Sie sich davon nicht abschrecken. Es wird sich lohnen, sich hier einzuarbeiten! Der routinierte Hundebesitzer wird möglicherweise feststellen, dass es noch viele, ihm bisher unbekannte Aspekte gibt, die für die Gesunderhaltung seines Hundes von Bedeutung sind. Der noch „frische", vielleicht etwas unerfahrene Hundefreund lernt seinen Hund intensiv zu beobachten und das Tier zu verstehen, wenn es ein Problem hat.

Es versteht sich von selbst, dass die Schüßler-Salze nur ihre Wirkung zeigen können, wenn auch die Rahmenbedingungen für den Hund stimmen. „Rund um den Hund" hat sich heute ein bedeutender Wirtschaftszweig entwickelt, was es dem Hundehalter oftmals nicht leicht macht, hier den Überblick zu behalten: Ratschläge und Vorschriften zur richtigen Fütterung, die schon fast unüberschaubare Menge an Futtermitteln und Ergänzungsfuttermitteln, Hundeschulen und Tipps sogenannter „Hundeflüsterer" – man sollte glauben, die Hunde seien rundum gut versorgt.

Darüber hinaus betrachten die meisten Hundebesitzer den Hund als Freund und Partner und nicht mehr als reinen Hof- und Wachhund. Hunde leben heute zum allergrößten Teil in der Wohnung

Reine Hof- oder Wachhunde sind mittlerweile selten, die meisten Hunde leben heute mit in der Wohnung.

und haben einen intensiven Kontakt zur Familie oder sie ersetzen vielen allein lebenden Menschen einen Partner. Entsprechend werden sie umsorgt, gehegt und gepflegt. Hier stellt sich die Frage, ob ein solcher Umgang wirklich das Beste für den Hund ist. Grundsätzlich sollte man nicht vergessen: Der Hund bleibt ein Tier und der Mensch hat für weitestgehend natürliche Lebensbedingungen und artgerechte Haltung, Aufzucht und Ausbildung zu sorgen. Viele psychische Probleme des Hundes, körperliche Disharmonien, Erkrankungen und allergische Reaktionen entstehen durch falsch verstandene Tierliebe.

Die Schüßler-Salze geben dem Hundefreund die Möglichkeit, durch eine ganzheitliche Betrachtung etwas Gutes für sein Tier zu tun. Nebenbei kann durch die intensive Beschäftigung mit den verschiedenen Salzen und deren Leitsymptomen auch ein kritischer Blick auf die äußeren Umstände des Hundes geworfen werden. Eine Behandlung mit Schüßler-Salzen stellt eine echte Alternative dar, die bei sorgfältiger Anwendung – auch in Eigenregie – praktisch keine Nebenwirkungen zeigt. Bemerkenswert ist, dass es Sinn macht, eine „Schüßler-Salz-Findung" sowohl für den Hund als auch für seinen Besitzer anzustreben. In vielerlei Hinsicht führt dies zu einer Harmonisierung in der Beziehung zwischen Mensch und Tier, die sich wiederum positiv auf die Gesunderhaltung beider Lebewesen auswirken kann.

Seit über 25 Jahren bin nun in einer eigenen naturheilkundlichen Praxis mit vielfältigen Therapien (unter anderem Akupunktur, Magnetfeldtherapie, Bioresonanz, Homöopathie) tätig. Vor allem die Therapie mit Schüßler-Salzen habe ich hier schätzen gelernt. Am Anfang wurden diese Heilmethoden noch von vielen belächelt und als „Außenseitermedizin" bezeichnet, und oftmals war es nicht leicht, ihre Wirkungsweise zu erklären. Die Kritik an diesen Therapien vonseiten der rein schulmedizinisch orientierten Menschen und der Fachleute war zunächst groß und beruhte im Wesentlichen auf dem Argument, dass der wissenschaftliche Nachweis ihrer Wirksamkeit fehle und diese nur auf dem Glauben und der Hoffnung beruhe.

Sicherlich gibt es eine besondere Beziehung zwischen Patient und Therapeut im Rahmen einer Behandlung. Das Vertrauen und die Überzeugung, die „richtige" Therapie zu bekommen, kann die Wirkungsweise einer Behandlung wesentlich unterstützen. Meine Erfahrungen in der Behandlung von Tieren zeigen jedoch, dass diese Einwände im Grunde nicht zutreffen. Die Wirkungen der

Schüßler-Salze wirken ganzheitlich und harmonisierend – übrigens auch beim Besitzer.

naturheilkundlichen Behandlung kann man gerade bei Tieren besonders gut erkennen, da sie nicht auf einen psychologischen Einfluss des Therapeuten zurückzuführen sind. So wird die Schüßler-Salz-Therapie bei vielen Erkrankungen und Leiden der Haustiere, etwa bei Hunden, die intensiv mit dem Menschen zusammenleben, bereits mit Erfolg eingesetzt. Anwendung finden die Schüßler-Salze jedoch nicht nur bei Erkrankungen oder Mangelerscheinungen des Hundes, sie sind auch zur Vorbeugung und zur Rekonvaleszenz nach längeren Krankheiten sinnvoll zu nutzen, darüber hinaus unterstützen sie den Hund in bestimmten Phasen physischer und psychischer Belastung, ohne dass ein gesundheitliches Problem im Vordergrund steht.

Aber nicht immer kann und will ich auf eine tierärztliche Begleitung verzichten, zum Beispiel bei bestimmten Infektionen, starken Verletzungen und anderen schwerwiegenden Krankheiten. Den naturheilkundlichen Behandlungen sind gewisse Grenzen gesetzt, die ein verantwortungsbewusster Therapeut kennen muss und auch einhalten sollte! In meiner Praxis ist es jedoch wiederholt vorgekommen, dass bei vielen Erkrankungen, die bereits veterinärmedizinisch erfolglos behandelt worden oder auch austherapiert waren, durch den Einsatz naturheilkundlicher Behandlungen, in unserem Fall meist schon durch die Schüßler-Salze, eine Besserung, Linderung und manchmal sogar eine Abheilung herbeigeführt werden konnte. Viele Tierärzte, die zunächst rein wissenschaftlich ausgerichtet waren, sind heute der Therapie mit Schüßler-Salzen gegenüber sehr aufgeschlossen und lassen der Zusatzbehandlung und/oder der Alleintherapie bei vielen Erkrankungen der Tiere gern den Vortritt. Insbesondere die chronischen Erkrankungen und die vielen allergischen Erscheinungen mit ihren belastenden Folgen für das Tier werden durch den Einsatz der Schüßler-Salze zumindest gelindert und lassen auf deutliche Besserung hoffen.

Die vielen positiven Resultate, die durch den Einsatz der Schüßler-Salze bei der Behandlung von Tieren erzielt werden konnten, sowie die intensive und hilfreiche Mitarbeit der Hundebesitzer bei der Entwicklung einer ganzheitlichen Betrachtungsweise haben mich bewogen, meine Erfahrung – hier in Bezug auf den Hund – weiterzugeben. Nach bestem Wissen will ich meine Kenntnisse und meine Erfahrungen mit der Schüßler-Salz-Therapie in vorliegendem Buch mitteilen und diese wunderbare, sanfte Heilmethode dem interessierten Leser in verständlicher Weise nahebringen. Ich

Auch auf der psychischen Ebene wirken Schüßler-Salze stabilisierend und beugen so gesundheitlichen Problemen vor.

Schüßler-Salze beugen Krankheiten vor, beschleunigen Heilungsprozesse und verhelfen zu Wohlbefinden.

möchte noch darauf hinweisen, dass meine Ausführungen nicht den Anspruch erheben, alle Einsatzmöglichkeiten der Schüßler-Salze im Detail zu beschreiben. Diese sind viel zu umfangreich und sicher werden in Zukunft noch viele neue Wirkungsfelder entdeckt und beschrieben werden. Dieses Buch vermittelt Ihnen aber wichtige Grundkenntnisse im Umgang mit den Schüßler-Salzen und es begleitet Sie mit bewährten Praxis-Tipps für alle Lebenslagen Ihres Hundes. Es beantwortet viele Fragen, die sich immer wieder „rund um die Schüßler-Salze" stellen, und bietet Ihnen einen Leitfaden, auch eigene Verantwortung für die Gesunderhaltung Ihres Hundes zu übernehmen.

Einige Fragen werden für Sie vielleicht noch offen bleiben und sicher wird das eine oder andere Problem Ihres Hundes nicht ausreichend Erwähnung finden. Für diesen Fall empfehle ich Ihnen meine Internetseite www.tier-und-gesundheit.de, wo die Möglichkeit besteht, in einem Forum individuelle Probleme oder Anliegen zu diskutieren.

Ich wünsche Ihnen viel Freude mit meinem Buch.
Claudia Bergmann-Scholvien

Hinweis

Die Autorin hat alle Angaben, Methoden und Empfehlungen nach bestem Wissen und Gewissen in jahrelanger Erfahrung sorgfältig geprüft und erwogen und erwartet bei der Umsetzung die entsprechende Sorgfaltspflicht. Die Autorin übernimmt daher keinerlei Haftung für Personen, Sach- oder Vermögensschäden, die im Zusammenhang mit der Anwendung und Umsetzung entstehen können.

Die Methode

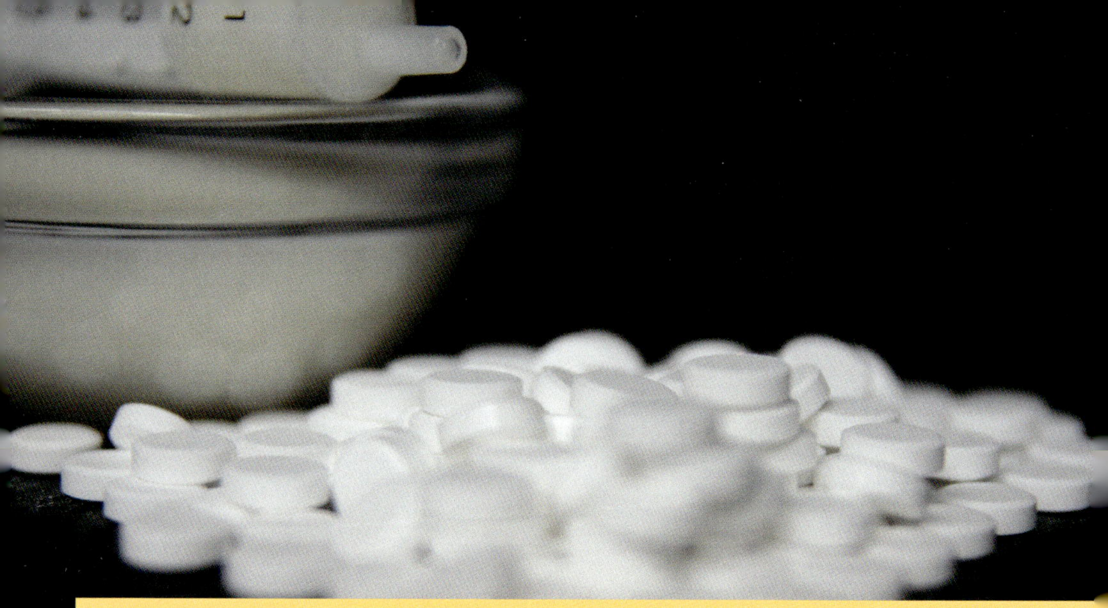

Alles Wichtige über Schüßler-Salze

Wer war Dr. Wilhelm Heinrich Schüßler?

Dr. Wilhelm Heinrich Schüßler wurde 1821 in Bad Zwischenahn geboren. Schon während seines Medizinstudiums befasste er sich mit der Homöopathie und der Bedeutung der Mineralstoffe für den menschlichen Körper. In seiner homöopathischen Praxis in Oldenburg erlangte er weitere wichtige Erkenntnisse über den Zusammenhang von Krankheiten und dem Mangel an Mineralstoffen. Seine Weggefährten Rudolf Virchow und Jacob Moleschott waren maßgeblich an der weiteren Erforschung der Mineralstoffe in Verbindung mit der Entstehung physischer und psychischer Probleme im menschlichen Organismus beteiligt. Schüßler erkannte, dass die meisten Erkrankungen auf ein gestörtes Gleichgewicht der Mineralien innerhalb der Zelle zurückzuführen sind. Daraus folgerte er:

Die Gesundheit der Zelle und damit des Körpers entsteht durch Deckung des Verlustes an anorganischen Salzen (Mineralstoffverbindungen). Damit nun eine Zelle überhaupt in der Lage ist, die Mineralsalze aufzunehmen und mit deren Hilfe Schäden zu verhüten oder zu beheben, müssen die Salze in die kleinste mögliche Form gebracht werden. So experimentierte Schüßler mit Verdünnungen, sogenannten Potenzierungen, die er aus der Homöo-

Dr. Wilhelm Heinrich Schüßler (1821–1898)

pathie kannte. Neben den von ihm entdeckten zwölf Salzen geben uns heute auch die entsprechenden Verdünnungsstufen eine sinnvolle Möglichkeit, gezielt gesundheitliche Probleme anzugehen.

Welche Faktoren begünstigen Krankheiten?

Nach Auffassung Dr. Schüßlers sind alle biochemischen Abläufe auf das intakte Milieu innerhalb der Zelle angewiesen. Kommt es hier zu Veränderungen, kann der Austausch mit dem die Zelle umgebenden Gewebe nicht mehr garantiert werden. Die gesunde Funktion wird gestört und es kommt im Weiteren zu Störungen innerhalb des gesamten Organismus. Dies bereitet unweigerlich den Weg in eine Erkrankung, die im Zusammenhang mit den jeweils fehlenden Mineralstoffverbindungen ganz bestimmte Symptome hervorruft. So sind die Mineralstoffverbindungen nach Dr. Schüßler als **Funktionsmittel** zu bezeichnen, deren ausreichendes Vorhandensein die Voraussetzung dafür schafft, dass der physiologische Ablauf innerhalb und außerhalb der Zelle sichergestellt werden kann.

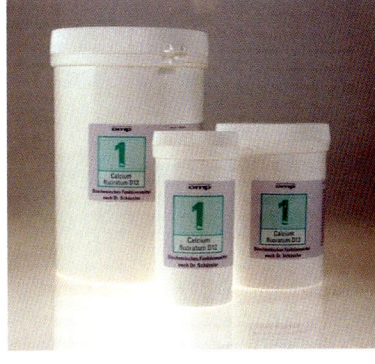

Schüßler-Salze werden häufig in Form von Tabletten verwendet.

Info

Krankheiten entstehen, wenn Salze fehlen

Durch den Nachweis, dass in der Asche verstorbener Menschen bestimmte Salze fehlen, konnte Dr. Schüßler zwölf Mineralstoffverbindungen ausfindig machen, die in Zusammenhang mit den entsprechenden Erkrankungen bzw. Todesursachen standen. In seiner 1874 veröffentlichten kleinen Broschüre mit dem Titel „Eine abgekürzte Therapie" stellte er die Einsatzmöglichkeiten der biochemischen Funktionsmittel vor.

Für Dr. Schüßler als einem Kenner der Homöopathie und deren Wirkungsweise war es nun wichtig, die entsprechenden Salze ausfindig zu machen und die sinnvollste Verdünnung zu finden. Er verdünnte die Mineralstoffe so, dass sie auch durch die winzigsten Öffnungen der Zelle gelangen konnten. Daher ist eine Überdosierung mit den homöopathisch aufbereiteten Mineralsalzverbindungen kaum möglich.

> ### Info
>
> #### Dr. Schüßler im Original
>
> „Wer von kleinen Gaben reden hört, denkt gewöhnlich sofort an Homöopathie; mein Heilverfahren ist aber kein homöopathisches, denn es gründet sich nicht auf das Ähnlichkeitsprinzip, sondern auf die physiologisch-chemischen Vorgänge, welche sich im menschlichen Organismus vollziehen. Durch mein Heilverfahren werden Störungen, welche in der Bewegung der Moleküle der unorganischen Stoffe des menschlichen Organismus entstanden sind, mittels homogener Stoffe direkt ausgeglichen, während die Homöopathie ihre Heilzwecke mittels heterogener Stoffe indirekt erreicht."
> Quelle: Wilhelm Heinrich Schüßler: Eine abgekürzte Therapie (1874), S. 3.

Es war geradezu revolutionär, was Dr. Schüßler hier proklamierte. Die Skepsis war nicht nur bei den Schulmedizinern groß, sondern auch bei homöopathischen Ärzten, stellte Schüßler doch ein grundlegendes Prinzip ihrer Methode – das Ähnlichkeitsprinzip – infrage (siehe oben). Doch die großen Heilerfolge Schüßlers verhalfen seiner biochemischen Therapie bis heute zu einer breiten Anerkennung. Die relativ einfache Anwendung der zwölf Mineralstoffverbindungen sowie die ausgezeichnete Symptombeschreibung der Mangelzustände machen die Schüßler-Therapie selbst für den medizinischen Laien verständlich.

Anhänger der biochemischen Heilweise nach Dr. Schüßler haben seine Therapie um zwölf weitere Salze erweitert. Diese neuen Salze, die sogenannten „Erweiterungsmittel", sollen in diesem Buch nur kurz Erwähnung finden, da sie keine konstanten Bestandteile des Körpers sind. Dr. Schüßler war in der Auswahl der Salze für seine Therapie sehr streng. Es sollten nur die Salze Anwendung finden, die tatsächlich ständig im Körper vorkommen. Deshalb hatte er das zwölfte Salz auch aus seiner Therapie ausschließen wollen, da er glaubte, dass es dieses Kriterium nicht erfülle. Später wurde es jedoch wieder in die Schüßler-Therapie aufgenommen, weil sich durch bessere Nachweismethoden die ständige Existenz dieses Salzes im Organismus des Menschen bestätigte.

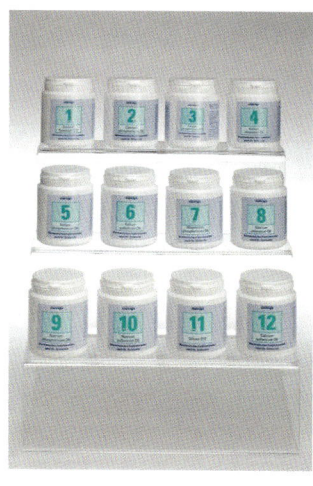

Die zwölf Schüßler-Salze

Schüßler-Therapie bei Mensch und Tier

Die Zellfunktionen von Mensch und Tier sind im Wesentlichen gleich, weshalb die Annahme naheliegt, dass Mangelerscheinungen, die durch das Fehlen von Mineralsalzverbindungen verursacht werden, auch bei Tieren zu beobachten sind. In meiner jahrzehntelangen Erfahrung mit dem Einsatz von Schüßler-Salzen bei Mensch und Tier hat sich dieser Ansatz bewährt, sodass im Nachfolgenden gezielt Mangelerscheinungen benannt werden können, die eine „richtige Salzfindung", hier im Speziellen für den Hund, erleichtern.

Ein besonderer Stellenwert soll auch den psychischen Aspekten des Salzmangels eingeräumt werden. Viele der heute auftretenden Erkrankungen sind wesentlich durch die psychische Verfassung des Hundes begründet. Als Beispiel sei hier nur der Juckreiz genannt, der durch eine psychische Problematik (Stress in jeder Form des heute meist im Haus lebenden Hundes) ausgelöst werden kann. Umgekehrt führt ein anhaltender Juckreiz, verursacht durch eine Hauterkrankung, auch zu einem starken psychischen Stress beim Hund. Dieser Stress wiederum kann das Grundleiden erheblich verstärken.

Hunde, die sich regelmäßig austoben dürfen, leiden weniger unter Stress.

Sprichwörtlich „beißt sich hier der Hund in den Schwanz": Es entsteht ein Teufelskreis, in dem der Hund fortwährend und in zunehmendem Maße unter Stress leidet, mit all den unangenehmen Begleiterscheinungen und negativen Folgen. In diesem Fall hat sich die Behandlung mit Schüßler-Salzen als recht segensreich erwiesen. Das sollte Mut machen, vor allem bei psychischen Problemen und Auffälligkeiten des Hundes die Schüßler-Salze zu verwenden.

Klassische Homöopathie und Schüßler-Salze

Homöopathische Behandlungen haben das Ziel, Gleiches mit Gleichem zu behandeln. Das bedeutet, dass ein ausführliches charakteristisches Mittelbild erstellt und das entsprechende homöopathische Mittel als sogenanntes „Similium" (die deckungsgleiche Symptomatik eines Krankheitsbildes) verordnet wird. Hierbei kann es sich neben den Mineralien auch um potenzierte Materialien körperfremder, tierischer oder chemisch hergestellter Stoffe oder auch um Gifte handeln. Die jeweilige Dosis richtet sich nach dem Krankheitsbild und wird in der Regel nur als einmalige Gabe in hoher Potenz (stark verdünnt) verordnet.

Bei der Schüßler-Therapie dient das Gesamtbild eines Salzes, dem jeweils auch eine differenzierte Symptomatik zugeordnet ist, dazu, den krank machenden Mangel oder die durch das Fehlen der Mineralstoffverbindungen ausgelöste Störung zu ermitteln, um dann das „passende" biochemische Mittel (hier: das Salz) in potenzierter Form einsetzen zu können. Es handelt sich also hierbei um ein **Auffüllen** fehlender anorganischer Salze. Das kann bedeuten, dass ein Salz öfter oder in höherer Dosierung verabreicht werden muss. Wichtig ist, dass man sich mit den Mangelbildern der einzelnen Schüßler-Salze beschäftigt und diese sorgfältig mit den beim Hund beobachteten Anzeichen einer Erkrankung in Zusammenhang bringt.

Was bewirken Schüßler-Salze?

Die Mineralstoffverbindungen sind Funktionsmittel, die, wie bereits erwähnt, entsprechend verdünnt (potenziert) werden. Bei der Therapie mit Schüßler-Salzen handelt es sich also um eine feinstoffliche (potenzierte) energetische Aufnahme von Mineralsalzen. Heute kann wissenschaftlich nachgewiesen werden, dass die biochemischen Schüßler-Mittel das Energiepotenzial einer Zelle beeinflussen und damit auf den Gesamtorganismus einwirken. Die Salze, bestehend aus Metallen und Nichtmetallen, weisen bestimmte elektrische Ladungen auf, die für das gesunde Zusam-

> ### Info
>
> **Erst die Verdünnung macht die Salze nutzbar**
>
> Dr. Schüßler verwendete die Verdünnungsstufen D6 und D12, die Salze werden also wie folgt potenziert:
> D6 = 1:1 000 000 und
> D12 = 1 000 000 000 000
> Der Buchstabe D bezeichnet hier die Dezimalpotenz, sodass eine D6 den millionstel Teil der Ausgangssubstanz, hier des Salzes, enthält und die D12 sogar nur den billionstel Teil. Diese kleinsten Einheiten machen die Aufnahme des Salzes in die Zelle erst möglich.

Schüßler-Salze erhalten die Gesundheit der Hundes, weil sie bereits in der Zelle ihre Wirkung entfalten.

menspiel von Körperflüssigkeit und Gewebe eine wichtige Rolle spielen. So sind Magnesium, Kalium, Calcium und Natrium positiv geladene Ionen, während Chlorid, Phosphat und Sulfat negativ geladene Ionen sind. Die Schüßler-Salze bestehen nun immer aus einer Verbindung dieser beiden unterschiedlich geladenen Ionen, die für das elektrische Gleichgewicht sorgen und damit zur Gesunderhaltung und bei Erkrankungen zur Regulierung der entstandenen Störung beitragen.

Warum werden die Mineralsalze verdünnt?

Erst die homöopathische Aufbereitung der Salze ermöglicht ihre Aufnahme in die Zelle und aktiviert hierdurch den Zellstoffwechsel. Schüßler-Salze bereiten also den Weg für den Austausch von Stoffen zwischen der Zelle und ihrer Umgebung und können so wiederum für die Aufnahme anderer lebenswichtiger Substanzen von großer Bedeutung sein. Dies kann am Beispiel des Mineralfutters verdeutlicht werden: Trotz regelmäßiger Verabreichung eines handelsüblichen Mineralfutters kommt es bei einigen Hunden nicht zur gewünschten Wirkung. Werden diesen Hunden nun zusätzlich die entsprechenden Schüßler-Salze gegeben, so sorgen diese dafür, dass die großen Moleküle der im Futter enthaltenen Mineralien ihre Wirkung entfalten können. Die Verabreichung feinstofflicher Mineralsalzverbindungen nach Dr. Schüßler regelt das Milieu in der Zelle, unterstützt die Zelle und bereitet diese vor. Erst jetzt kann der eigentliche Wirkungsmechanismus der Futtermineralien greifen, indem diese als mineralische Grundlage und Baustoff für den Körper des Hundes verwertet werden.

Info

Schüßler-Salze gelangen direkt in die Zelle

Dem Berchtesgadener Biophysiker und Salzforscher Peter Ferreira gelang der Nachweis, dass die zerkleinerten, homöopathisch aufbereiteten Schüßler-Mineralsalze die Zellmembran passieren können.

Vom Umgang mit Schüßler-Salzen

Die Behauptung, dass Tiere nicht sprechen können, ist zu bezweifeln. Wer sein Tier kennt und es intensiv auf Verhaltensveränderungen hin beobachtet, der weiß: Das kranke Tier kann, auch ohne Worte, zu uns sprechen, mit uns kommunizieren. Körperliche Anzeichen oder Auffälligkeiten im Verhalten liefern ein erstes Indiz dafür, dass ein Problem vorliegt. Jetzt sollte der Tierhalter aufmerksam studieren, welche prägnanten Eigenschaften der verschiedenen Schüßler-Salz-Bilder dem Befinden des Tieres zugeordnet werden können. Dabei stellt man dann meistens fest, dass es bei fast jedem Salz eine kleine Übereinstimmung gibt. Deshalb ist es wichtig, sich ein umfassendes Bild seines Hundes zu verschaffen. Hier spielt nämlich **nicht ein einzelnes Symptom** eine Rolle, sondern erst **das komplette Gesamtbild** eines Salzes führt uns zu dem einen „richtigen Mittel".

Manchmal kann es aber auch sinnvoll sein, eine Kombination verschiedener Salze zu verabreichen, die dann zusammen dem Problem des Hundes entgegenwirken können. Nun könnte man auch meinen, das Bestmögliche für das Tier sei eine Kombination aller zwölf Salze. Natürlich lassen sich die einzelnen Salze mischen, es gibt auch Präparate (etwa das Zellsalz der Firma Orthim oder andere Basensalze), die sämtliche Salze von Nr. 1 bis Nr. 12 oder zumindest eine Vielzahl von Salzen enthalten. Will man aber gezielt und sinnvoll auf die Probleme seines Hundes eingehen, sollte man zunächst nicht mehr als zwei bis maximal drei Salze gleichzeitig geben und die Wirkung dann abwarten. Dadurch, dass die fehlenden Mineralsalze im Zellinneren erst durch die entsprechenden Schüßler-Salze aufgefüllt werden müssen, kann es auch bei einer konsequenten Verabreichung eine Zeit lang dauern, bis sich eine Wirkung zeigt. Hierbei muss man sich in Geduld üben. Mit einiger Erfahrung und mithilfe der Tipps aus diesem Buch können die jeweils richtigen Salze oder die entsprechenden Kombinationen einzelner Salze ermittelt werden.

Es soll hier nochmals betont werden, dass der Einsatz von Schüßler-Salzen – wie andere Therapieformen auch – Grenzen hat. Bei plötzlich auftretenden schwerwiegenden Symptomen aller Art sollten umgehend tierärztlicher Rat gesucht und die notwendigen Untersuchungen und Therapiemaßnahmen vorgenommen werden.

Tipp

Schüßler-Salze sind vielseitig einsetzbar

Schüßler-Salze lassen sich nicht nur bei vielen Erkrankungen oder psychischen Auffälligkeiten einsetzen, sie können außerdem zur Vorbeugung, als Kur oder auch als Zusatzgabe in Notfallsituationen für den Hund sehr wertvoll sein.

Wie gelangen die Schüßler-Salze in den Körper?

Wie bei der klassischen Homöopathie werden auch die aufbereiteten Schüßler-Salze am sinnvollsten über die Mundschleimhaut aufgenommen. Die Mineralstoffverbindung kann dadurch auf dem schnellsten Weg zu ihrer Wirkungsstätte, der Zelle, gelangen und dort ihre feinstoffliche energetische Wirkung entfalten. Dies ist viel effektiver, als wenn die Mineralsalze erst über den Verdauungstrakt ins Blut übergehen müssten. Die ausgewählten Schüßler-Salze sollten demnach direkt über die Mundschleimhaut verabreicht werden. Hierbei benutzt man sinnvollerweise eine Plastikspritze, mit deren Hilfe in Flüssigkeit gelöste Schüßler-Salze dem Hund direkt ins Maul gegeben werden können (hierbei keine Nadel verwenden!). Sollte der Hund jedoch schon beim Anblick einer Spritze erstarren und sich widerspenstig zeigen, können die Schüßler-Salz-Tabletten auch direkt in den Lefzentaschen des Hundes deponiert werden. Die gute Auflösbarkeit der Tabletten stellt sicher, dass sich der Speichel schnell mit dem Schüßler-Salz verbindet und dieses sofort durch die Mundschleimhäute aufgenommen werden kann.

Die Verabreichung mithilfe sogenannter „Leckerchen" ist dagegen nicht sinnvoll, da eine Wechselwirkung zwischen Hilfsmittel (Lebensmittel) und Salzen nicht ausgeschlossen und daher die belastungsfreie Aufnahme über die Schleimhäute nicht garantiert werden kann. Dies führt unter Umständen zu einer Beeinträchtigung der Wirksamkeit der Schüßler-Salz-Therapie.

> **Tipp**
>
> **Fachmännischer Rat ist hilfreich**
>
> *Die Schüßler-Salze können bei allen Erkrankungen als Begleittherapie verabreicht werden. Bei Unsicherheiten in Bezug auf die genaue Salzfindung oder die richtige Dosierung oder bei Zweifeln an einem sinnvollen Einsatz ist es besser, einen erfahrenen Fachmann zurate zu ziehen.*

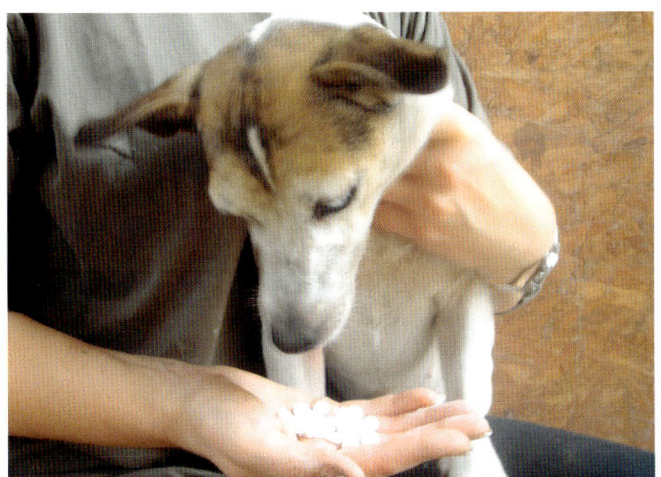

Die Tabletten am besten pur verabreichen oder sie in Wasser auflösen und mit einer Spritze (ohne Nadel!) ins Maul geben.

Schüßler-Salze sind sowohl in Tabletten- als auch in Salbenform erhältlich.

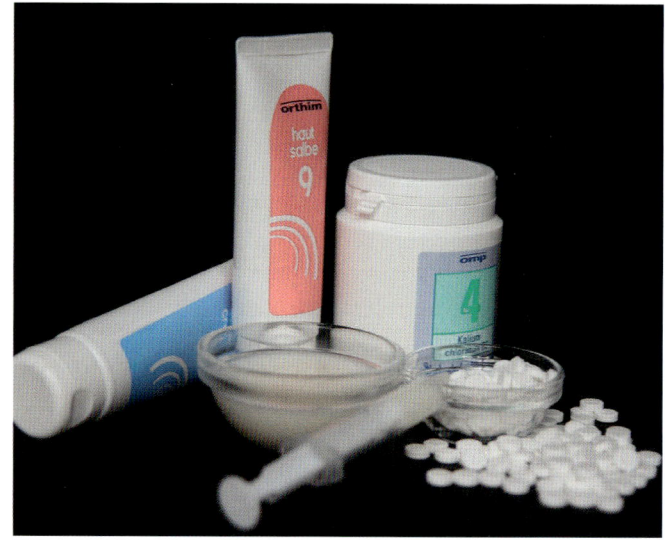

Darreichungsformen von Schüßler-Salzen

Am häufigsten werden Schüßler-Salze in Form von Tabletten/Pastillen angewendet, daneben stehen auch Salben oder Cremes zur Verfügung. Da man in der Schüßler-Salz-Therapie häufig mit hohen Dosierungen arbeitet, wird gerne die Bezeichnung „Pastillen" benutzt. Hier würde die Bezeichnung „Tablette" möglicherweise zu Unsicherheiten beim Anwender führen, da dieser mit dem Begriff ein starkes handelsübliches Medikament verbindet. Lassen Sie sich also nicht irritieren, wenn in der Literatur hin und wieder von Schüßler-Salz-Pastillen die Rede ist. Alkoholische Lösungen (Dilutionen) von Schüßler-Salzen sind ebenfalls auf dem Markt, werden aber von Tieren wegen ihres unangenehmen Alkoholgeschmacks meist nur ungern aufgenommen. Mittlerweile gibt es auch Globuli – 5 Globuli entsprechen einer Tablette. Alle im Handel befindlichen Schüßler-Salz-Darreichungen unterliegen dem Arzneimittelgesetz.

Tipp

Schüßler-Salze auf Vorrat
Bei Beachtung der Haltbarkeitskriterien ist es durchaus sinnvoll, sich einen Vorrat aller zwölf Salze anzulegen. In gewissen Situationen kann nämlich die sofortige Gabe eines der zwölf Salze von großem Vorteil sein.

Wie werden die Schüßler-Salze hergestellt?

Wie bereits beschrieben, werden die Schüßler-Salze potenziert. Bei den Originalsalzen von Dr. Schüßler finden Sie nur die Potenzstufen D6 und D12 (siehe Seite 18). Trägerstoff der Schüßler-Tabletten ist Laktose (Milchzucker), für Globuli wird Rohrzucker verwendet, diese sind daher laktosefrei. Beim Verpressen der Tabletten werden außerdem je nach Hersteller unterschiedliche Hilfsstoffe eingesetzt.

Wo sind Schüßler-Salze erhältlich?

Schüßler-Salze sind zwar sogenannte Arzneimittel, aber nicht rezeptpflichtig und daher in jeder Apotheke frei erhältlich. Das heißt auch, dass nur Apotheken eine Garantie geben können, dass wirklich die richtigen Schüßler-Salze hier gekauft werden. Das gilt selbstverständlich auch für die Internet- und Versandapotheken.

Die Qualität der Schüßler-Salze ist bei allen Herstellern auf dem Markt nahezu gleich. Jeder Hersteller muss sich nach den strengen Vorschriften des amtlichen Homöopathischen Arzneimittelbuches der Bundesrepublik Deutschland (kurz: HAB) richten. Es macht daher keinen Unterschied, von welchem Hersteller die Schüßler-Salze bezogen werden. Auch kostengünstigere Schüßler-Salze auf dem deutschen Markt müssen diesem Standard und den amtlichen Vorschriften entsprechen. Benötigt man für seinen Hund eine größere Anzahl von Schüßler-Salzen, kann ein Preisvergleich der verschiedenen Verpackungsgrößen bei den örtlichen Apotheken, Versand- und Internetapotheken von Vorteil sein.

Die Schüßler-Salz-Tabletten werden von den Herstellern in Dosen oder Gläschen abgefüllt. Es ist für die Haltbarkeit der Schüßler-Salze von Bedeutung, diese trocken, staubfrei und lichtgeschützt aufzubewahren.

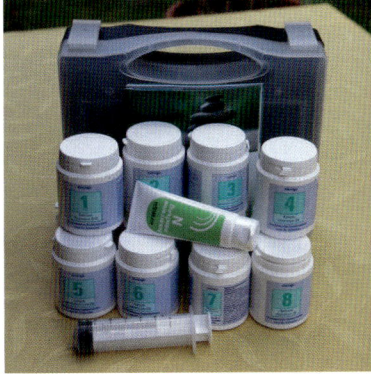

Die Schüßler-Salz-Hundebox

Info

Immer dabei: Schüßler-Salze in der Hundebox

Da ich die Problematik der Handhabung von zwölf Dosen mit den verschiedenen Schüßler-Salzen kenne, habe ich eine Schüßler-Salz-Hundebox entwickelt. Diese besteht aus Plastik und ist mit entsprechenden Fächern für die zwölf Salzdosen, einem Fach für das Schüßler-Buch für Hunde, einem Plastiklöffel, einem Fach für die Einmalspritze und einem Becher für die flüssige Aufbereitung der Salze ausgestattet. Diese Box ist mit einem wiederverschließbaren Deckel versehen und kann gegebenenfalls zusätzlich mit einem Verschlusshaken gesichert werden. So hat man zu jeder Gelegenheit eine saubere Lösung für das Mitführen der Salze. Diese Box ist momentan nur über die OMP-Internet-/Versandhandelapotheke erhältlich (05242 90760).

Unterschiede bei Herstellern von Schüßler-Salzen

Neben den preislichen Unterschieden ist vor allem die Verwendung von Hilfsstoffen für die Verarbeitung der Substanzen zu nennen, welche die Schüßler-Salz-Tabletten der einzelnen Hersteller unterscheidet. Zum einen verwendet man zum Verpressen der Tablette verschiedene Stärkesorten. Hier sollte man darauf achten, dass man Schüßler-Salze kauft, die Kartoffelstärke anstatt Weizenstärke verwenden. Bei einigen empfindlichen Hunden kann die Weizenstärke zu Allergien führen. Produkte ohne Weizenstärke sind glutenfrei und haben daher ein geringeres Allergierisiko. Zum anderen kommt häufig Magnesiumstearat als Hilfsstoff für die Tablette zu Anwendung. Dies hinterlässt bei empfindlichen Tieren manchmal einen metallischen Geschmack, was dazu führt, dass sie die Aufnahme der Tabletten verweigern. Daher verwende ich Tabletten mit dem Hilfsstoff Calciumbehenat, der geschmacksneutral und daher unkomplizierter zu verabreichen ist.

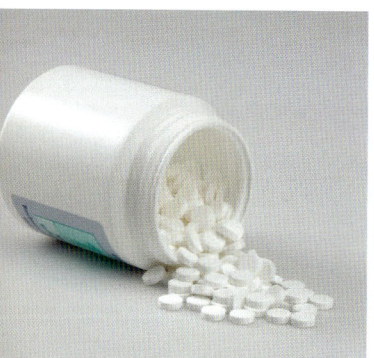

Schüßler-Salze mit dem Hilfsstoff Kartoffelstärke sind gut für Hunde geeignet.

Wer kann Schüßler-Salze verwenden?

Wie bereits erwähnt, unterliegen Schüßler-Salze zwar dem Arzneimittelgesetz, sie sind jedoch frei, also ohne Rezept in Apotheken und Internet-/Versandapotheken verkäuflich. Nur die Tierärzte haben sich durch eine Sonderregelung das Recht vorbehalten, in ihrer Praxis alle Arzneimittel für die Tiere verkaufen zu können.

Leider wird immer wieder unnötig Unsicherheit geschaffen, indem die Behauptungen aufgestellt wird, Schüßler-Salze dürften nur von Fachleuten angewendet werden. Dazu sei kritisch angemerkt: Die Schüßler-Salz-Therapie ist eine Erfahrungsheilkunde und man muss bei einem sogenannten Fachmann intensive Kenntnisse über die individuellen „Mittelbilder" der verschiedenen Salze und folglich über deren Möglichkeiten und Grenzen im Einsatz beim Tier (hier: beim Hund) voraussetzen. Trotzdem vertrete ich die Ansicht, dass ein umsichtiger Hundehalter bei aufmerksamer und verantwortungsvoller Vorgehensweise mit den Schüßler-Salzen viele positive Erfahrungen machen kann und bei Unsicherheit gewiss immer einen wirklichen Fachmann hinzuziehen wird.

> **Tipp**
>
> Bereits bei Welpen kann man das Verabreichen der Salze mit einer Spritze spielerisch üben.

Gibt es Nebenwirkungen?

Da Schüßler-Salz-Tabletten auf der Basis von Laktose (Milchzucker) hergestellt werden, kann es bei besonders empfindlichen Tieren in ganz seltenen Fällen zu leichten Reaktionen im Magen-Darm-Trakt kommen. Häufig ist beim Hund die Kombination einiger Schüßler-

Kleine Hunde wie Yorkshireterrier haben einen etwas empfindlicheren Verdauungstrakt.

Salze und damit eine höhere Dosierung angezeigt oder eine akute Situation macht die mehrmalige Gabe der Salze notwendig. In den meisten Fällen führt die dabei zugeführte Menge an Milchzucker nicht zu Reaktionen. Aber wie beim Menschen kann es auch beim Hund zu leichten Bauchschmerzen, Blähungen und vermehrtem Stuhlgang kommen. Dies sollte den Hundebesitzer im Normalfall nicht übermäßig beunruhigen. Die leichten Nebenwirkungen der Laktose lassen sich vermeiden, wenn man folgendermaßen vorgeht:

> Die zu verabreichenden Schüßler-Salz-Tabletten werden in einem Glas lauwarmem Wasser aufgelöst und man wartet, bis sich die festen Bestandteile (die Laktose) unten im Glas abgesetzt haben. Man erkennt nun im Glas einen weißlichen Bodensatz und darüber eine fast klare Flüssigkeit. Diese Flüssigkeit enthält die Information, also die Wirkstoffe des jeweiligen Schüßler-Salzes, die verabreicht werden sollten. Mittels einer Spritze kann man diesen flüssigen Überstand abziehen und ihn direkt in das Maul des Hundes geben.
> Falls der Hund Angst vor der Spritze zeigt, besteht außerdem die Möglichkeit, die überstehende Flüssigkeit mithilfe einer kleinen Schöpfkelle abzunehmen und sie in eine Porzellanschale zu geben, die dem Hund als Wassernapf dienen kann.
> Gegebenenfalls kann man die Tagesration der zu verabreichenden Schüßler-Salze bereits am Morgen wie oben beschrieben herstellen und diese dann über den Tag verteilt in kleinen Portionen mithilfe der Spritze oder über den Wassernapf (Porzellanschälchen) verabreichen.

Tipp

Schüßler-Salze in Form von Globuli haben so gut wie keine Nebenwirkungen. Allerdings kann sich die Verabreichung aufgrund der eingesetzten Mengen (1 Tablette = 5 Globuli) etwas schwierig gestalten.

> Die auf Vorrat hergestellte Tagesration sollte lichtgeschützt und sauber abgedeckt an einem nicht sehr warmen Platz aufbewahrt werden.
> Verwenden Sie Globuli (5 Globuli = 1 Tablette).

Reaktionen, wie sie in der Einzelhomöopathie und/oder bei anderen homöopathischen Mitteln auftreten, sind eher selten. Bei der Behandlung mit Schüßler-Salzen können jedoch, abgesehen von einer Laktose-Intoleranz (Milchzuckerunverträglichkeit), auch Reaktionen wie vermehrter Durst, verstärkte Ausscheidungen über Urin und Kot (als Reinigungszeichen des Körpers), vermehrte Geruchsbildung (Zeichen der Ausscheidung über Haut- und Atemwege) oder auch Veränderungen des Haarkleides auftreten. Entscheidend ist in diesen Fällen, auf eine ausreichende Flüssigkeitszufuhr zu achten. Dem Hund sollte deshalb immer genügend frisches Wasser zur Verfügung stehen! Die aufgenommene Flüssigkeit kann einerseits den Reinigungsprozess anregen, andererseits aber auch den Transport der Salze zur Zelle, dem Ort ihrer Wirkung, unterstützen.

Viel Trinken unterstützt die Aufnahme und Verwertung der Schüßler-Salze.

> **Tipp**
>
> **Schüßler-Salze zum Mitnehmen**
>
> *Sollen die zu verabreichenden Salze zum Beispiel auf einen Ausflug oder eine Tagesreise (Hundeshow usw.) mitgenommen werden, so hat sich die Aufbewahrung in einem Tuppergefäß bewährt. Hier ist zwar die Möglichkeit nicht auszuschließen, dass der Kontakt der homöopathisch aufbereiteten Salze mit den Plastikbehältern die intensive Wirkung der Schüßler-Salze verändert, jedoch ist es in gewissen Situationen sicher zweckmäßig, diesen Transportweg zu wählen und damit dem Hundehalter die aufwendige Auflösung der Salze vor Ort zu ersparen. Denn auch das Mitführen der vorbereiteten, in Wasser aufgelösten Salze in einem Glasbehälter ist nicht unproblematisch. Jeder Anwender der Schüßler-Salze sollte daher selbst den einfachsten und am wenigsten belastenden Weg zum Mitführen von Schüßler-Salzen wählen. Für einen sinnvollen Transport und das Mitführen bei längeren Aufenthalten außer Haus hat sich die von mir entwickelte Schüßler-Salz-Hundebox bewährt.*

All die oben beschriebenen Reaktionen können schon Zeichen einer Wirkung der Salze auf den Körper des Tieres sein. Wenn dieser Prozess abgeschlossen ist, wird sich ein gesunder Zustand einstellen, sofern die Erkrankung grundsätzlich heilbar ist. Sollten Sie trotz allem unsicher sein, wenn die genannten Reaktionen auftreten, so fragen Sie einen Schüßler-Fachmann oder reduzieren Sie die Dosis der Schüßler-Salze auf die Hälfte. Es kann auch sinnvoll sein, die Schüßler-Gabe einfach für ein paar Tage auszusetzen. Entscheiden Sie selbst, was Sie ihrem Hund zumuten wollen. Auch bei Reduzierung der Tabletten kann sich eine Wirkung zeigen, allerdings sollte man dann Geduld aufbringen, da das Auffüllen der fehlenden Salze nun möglicherweise längere Zeit in Anspruch nehmen kann.

Was muss ich bei der Gabe beachten?

Ich möchte hier nochmals die Verwendung von Porzellan-, Glas- oder Plastikutensilien empfehlen, weil diese sich weitestgehend neutral gegenüber den feinstofflichen Schüßler-Salzen verhalten.

Jede Verbindung mit Metall garantiert nicht mehr die Reinheit und die damit verbundene Wirkung der Salze. Ob diese nun über einen Plastiklöffel in flüssiger Form oder direkt als Tablette vom Hund aufgenommen werden, spielt für die Wirksamkeit der Salze keine Rolle. Entscheidend ist die direkte und unveränderte Aufnahme über die Mundschleimhaut. Deshalb ist neben den neutralen Verabreichungshilfen auch sehr wichtig, dass der Hund nicht unmittelbar vor oder nach der Salzgabe etwas zu fressen bekommt.

Auch rate ich, wie schon zuvor gesagt, dringend davon ab, die Salze in sogenannten „Leckerchen" wie Leberwurstbrot oder Käse zu verstecken. Denn hier kommt es zu unkalkulierbaren Verbindungen des biochemischen Salzes mit im Futter enthaltenen Stoffen, die eine Wirksamkeit der Schüßler-Salze keinesfalls mehr sicherstellen. Es muss jedem Hundehalter, der die Schüßler-Salze anwenden möchte, klar sein, dass die unbelastete Zufuhr der Salze für deren Wirksamkeit unerlässlich ist. Und wie bei jeder alternativen Heilmethode benötigt man auch hier immer eine große Portion Geduld.

> **Info**
>
> *Die Therapie mit Schüßler-Salzen erfordert etwas Geduld.*

Die richtige Dosis

Wie beschrieben, kann man die Salze untereinander mischen oder sie dem Hund als Einzelgabe verabreichen. Eine allgemeine Orientierung für die Dosierung gibt folgende Tabelle:

Orientierungshilfe für die Dosierung	
Welpen unter 3 kg	1 Tablette
Kleiner Hund (unter 10 kg)	1 bis 2 Tabletten
Mittlerer Hund (10 bis 20 kg)	2 bis 4 Tabletten
Großer Hund (25 bis 30 kg)	4 bis 8 Tabletten
Sehr große Hunde (über 40 kg)	Bis zu 10 Tabletten

Die Dosis richtet sich im Einzelfall aber auch nach der Schwere des Salzmangels und nach dem Vorliegen von akuten oder chronischen Beschwerden. Treten Beschwerden plötzlich oder heftig auf, wie bei Krämpfen, Magen- und Darmproblemen oder akuten Gelenkschmerzen, so ist es hilfreich, sofort bis zu zehn Tabletten (bei großen Hunden wie Bernhardiner, Dogge oder anderen großen Rassen bis zu 20 Tabletten) in warmem Wasser aufzulösen, alles in einer Einmalspritze aufzuziehen und über das Maul zu verabreichen. Innerhalb von 15 Minuten sollte sich eine leichte Besserung

Größere Hunderassen benötigen höhere Dosierungen.

zeigen, nach 30 Minuten kann der Vorgang wiederholt werden. Bemerkenswert ist, dass in dieser „Notfallsituation" eine hohe Dosis des passenden Salzes meistens schon zu einer Linderung führt. Trotzdem: Bitte immer den veterinärmedizinischen Fachmann zurate ziehen! Man geht in solchen, für Tier und Halter emotional belastenden, Extremsituationen lieber einmal zu viel zum Tierarzt als einmal zu wenig. Ist diese Situation beherrschbar, kann der Einsatz der entsprechenden Schüßler-Salze zur Genesung des Hundes von großem Vorteil sein.

Liegt keine sogenannte „Extremsituation" vor, sondern handelt es sich um „leichte, akute Probleme", die erst kurze Zeit bestehen, sollte zunächst die entsprechende Dosis (siehe oben die Orientierungshilfe) in Abständen von 15 Minuten innerhalb eines Zeitraums von ein bis drei Stunden verabreicht werden, dann alle 30 Minuten während eines Zeitraums von weiteren ein bis drei Stunden. Ist eine Besserung eingetreten, braucht die Gabe des entsprechenden Salzes nur noch alle zwei Stunden fortgeführt werden. In der Nacht sind durchaus Pausen von acht bis zehn Stunden möglich. In den folgenden Tagen wird die Dosis auf drei- bis sechsmal täglich reduziert. Hat sich das Beschwerdebild deutlich verbessert oder ist ganz verschwunden, sollte das Salz in einer normal empfohlenen Dosierung weiterhin für zusätzliche drei bis vier Tage dreimal täglich gegeben werden.

Merke

Dosierungsrichtlinien

Sofortmaßnahme: *Hohe Dosis, kurzer Abstand, Besserung nach kurzer Zeit.*
Akute Probleme: *Normale bis leicht erhöhte Dosis, zunächst kurze, dann längere Abstände. Auch über den verbesserten Zustand hinaus weiterhin Salze geben.*
Chronische Probleme: *Entsprechende Dosis über einen langen Zeitraum hinweg, konsequent zwischen einem halben bis zu einem Jahr. Dann erneute Prüfung des Salzbildes.*

Kombination von Salzen und Medikamenten

Es hat sich gezeigt, dass es durchaus sinnvoll sein kann, entsprechende Salze trotz medikamentöser Behandlung durch den Tierarzt weiterhin zu geben. Allerdings sollte man die normale Dosis verringern. Hunde, die mit Schüßler-Salzen begleitend versorgt wurden, zeigten nach Beendigung der veterinärmedizinischen Behandlung schnellere Heilungstendenzen. Vielfach wurde sowohl die Wirksamkeit der Behandlung als auch die Rekonvaleszenz (Erholung) der Tiere mit nachfolgendem gezieltem Einsatz von Schüßler-Salzen deutlich verbessert. Bei Unsicherheiten im Hinblick auf das Zusammenspiel von Pharmazie und Schüßler-Salzen fragen Sie auch hier einen aufgeschlossenen Tierarzt oder den Schüßler-Fachmann.

Dauer der Schüßler-Salz-Gabe

Auch über die Dauer der Verabreichung von Schüßler-Salzen wird kontrovers diskutiert. Einige Schüßler-Fachleute behaupten, dass eine Pause nach acht bis zehn Wochen erfolgen muss, damit sich

Schüßler-Salze unterstützen die veterinärmedizinische Behandlung und beschleunigen die Heilung.

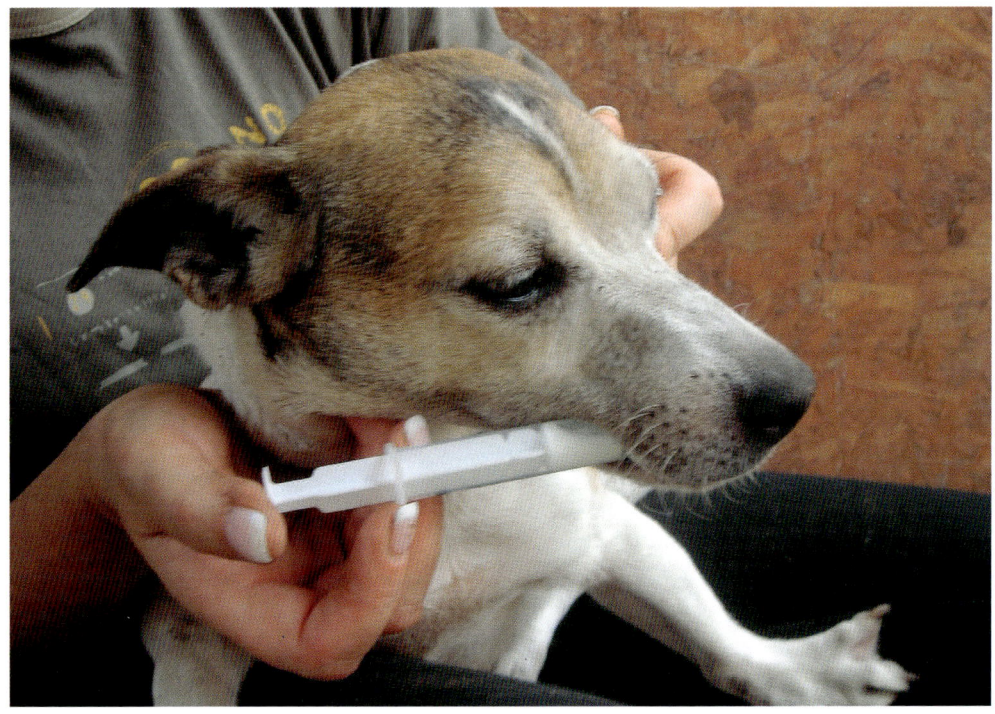

die Wirkung der Salze entfalten kann. Meine persönliche Meinung ist, dass es bei bereits vorhandenen Krankheitserscheinungen schon einige Zeit dauert, bis die Salze im Körper aufgefüllt sind, bis sie also den normalen physiologischen Ablauf inner- und außerhalb der Zelle sicherstellen können. Daher plädiere ich meist dafür, die Salze über einen längeren Zeitraum hinweg anzuwenden, vor allem wenn bereits deutliche Symptome des Mangels vorhanden waren.

Manchmal kann es auch sein, dass der Hund nach einiger Zeit die Schüßler-Salze überhaupt nicht mehr annehmen will und eine massive Abwehr zeigt. Hier sollte man darüber nachdenken, ob der Hund nicht einfach von Natur aus weiß, dass dieses Salz oder die Salzmischung für ihn jetzt nicht mehr notwendig ist. Eine massive Ablehnung, wo vorher die Salze brav genommen wurden, ist möglicherweise ein Indiz dafür, dass die Schüßler-Salz-Therapie abgeschlossen werden kann.

Kann man „zu viel" Schüßler-Salze geben?

Wie bereits erwähnt, sollte dem Anwender von Schüßler-Salzen die Unsicherheit genommen werden, möglicherweise „zu viel" zu geben. Die Salze, die im Körper nicht gebraucht werden, können vom Organismus einfach ausgeschieden werden. So kann man sicher sein, dass die Salze weder im Körper eingelagert werden noch andere Funktionen im Organismus stören oder negativ beeinflussen.

Hier erinnere ich gern an die Vitamine: Es gibt viele Vitamine, die sich im Körper einlagern und dort zu diversen negativen Folgen im Organismus des Tieres führen. Wie unbedarft wird oft mit der Zusatzgabe von Vitaminen umgegangen! Die Zufütterung von Vitaminen, vor allem von denen, die nicht wasserlöslich sind und über die Niere ausgeschieden werden können, sollte man auf jeden Fall kritisch überdenken.

Bei Schüßler-Salzen hingegen scheidet der Körper das Zuviel aus. Das heißt auch, dass falsch eingesetzte Salze schlicht keine Wirkung zeigen. Haben Sie also ein spezielles Salz für Ihren Hund gewählt und zeigt dieser auch nach längerer Einnahmezeit keinerlei Reaktionen, so haben Sie nur das falsche Salz gewählt und sollten die einzelnen Salzbilder noch einmal eingehend studieren.

> **Tipp**
>
> *Faustregel für die Dauer der Gabe*
>
> *Meine Erfahrung besagt: So lange, wie es gedauert hat, bis sich die eigentlichen Symptome eines Mangels zeigten, und so lange, wie die Symptome bereits vorhanden sind, so lange muss ich meinem Hund die Schüßler-Salze verabreichen.*

Die Schüßler-Salze

Die Salze und ihre Charakteristika

Im Folgenden möchte ich die wesentlichen Merkmale der einzelnen Schüßler-Salze mit Bezug auf den Hund beschreiben. Die Charakteristika und die chemische Zusammensetzung eines Salzes sowie sein jeweiliges Vorkommen im Organismus werden nur kurz angerissen, da für den Hundehalter die praktische Einsatzmöglichkeit von eigentlichem Interesse ist. Es mag sein, dass dem einen oder anderen (vor allem dem eingefleischten Schüßler-Anhänger) die Beschreibung der biochemischen Eigenschaften der unterschiedlichen Salze sowie der ihnen jeweils entsprechenden Mangelbilder nicht ausführlich genug ist. Jedoch stelle ich immer wieder fest, dass das Interesse des Hundehalters durch den praktischen Umgang mit diesen Funktionsmitteln und den daraus resultierenden Erfahrungen geweckt wird. Somit hoffe ich auf Nachsicht seitens meiner Kollegen, wenn ich in diesem Buch auf eine ausführlichere Salzbeschreibung verzichte.

In diesem Kapitel wird jedes Schüßler-Salz außerdem zu psychischen Merkmalen oder spezifischen psychischen Auffälligkeiten des Hundes in Beziehung gesetzt. Hier gebe ich meine individuellen Erfahrungen wieder, die jedoch keinen Anspruch auf Vollständigkeit und alleinige Gültigkeit besitzen.

Bei der Beschreibung der unterschiedlichen Salze habe ich Erkenntnisse sowohl aus der umfangreichen Literatur als auch aus der Praxis erfahrener Kollegen/Tierärzte und langjähriger Schüßler-Anwender zusammengetragen. Weiterhin stütze ich mich auf meine eigenen jahrzehntelangen Erfahrungen im Einsatz dieser sanften Heilmethode.

Die in Klammern gesetzten D-Nummern hinter den einzelnen Salznamen bezeichnen die jeweils empfohlenen Verdünnungsstufen (bei Bestellung beachten!). Sie beziehen sich nachfolgend – ebenso wie die Empfehlungen – in erster Linie auf Hunde.

Wichtig ist, dass der Schüßler-Anwender auf der Suche nach dem geeigneten Salz für seinen Hund ermittelt, welches der beschriebenen Mangelbilder dem Zustand des Hundes am umfassendsten entspricht, welches also die meisten Übereinstimmungen mit den beim Tier beobachteten Symptomen aufweist. Wenig sinnvoll ist es, ein Salz nur nach dem Vorhandensein eines einzigen Symptoms auszusuchen und es dem Hund dann zu verabreichen. Bei der Suche nach dem passenden Salz oder der Salzkombinationen sollte sehr viel differenzierter vorgegangen werden, damit ein sinnvoller und hilfreicher Einsatz erzielt werden kann.

Auf einen Blick: Potenzen und Anwendungsbereiche der zwölf Salze

Nr.	Salz	Potenz	Anwendung
Nr. 1	Calcium fluoratum (Kalziumfluorid)	D12	Wachstumsmittel
Nr. 2	Calcium phosphoricum (Kalziumphosphat)	D6	Ausbildungsmittel
Nr. 3	Ferrum phosphoricum (Eisenphosphat)	D12	Leistungs- und Erste-Hilfe-Mittel
Nr. 4	Kalium chloratum (Kaliumchlorid)	D6	Schleimhautmittel
Nr. 5	Kalium phosphoricum (Kaliumphosphat)	D6	Nerven- und Muskelmittel
Nr. 6	Kalium sulfuricum (Kaliumsulfat)	D6	Fell- und Hautmittel
Nr. 7	Magnesium phosphoricum (Magnesiumphosphat)	D6	Krampfmittel
Nr. 8	Natrium chloratum (Natriumchlorid)	D6	Wasserhaushaltsmittel
Nr. 9	Natrium phosphoricum (Natriumphosphat)	D6	Entsäuerungsmittel
Nr. 10	Natrium sulfuricum (Natriumsulfat)	D6	Entgiftungs- und Ausscheidungsmittel
Nr. 11	Silicea (Kieselsäure)	D12	Verjüngungsmittel
Nr. 12	Calcium sulfuricum (Kalziumsulfat)	D6	Reinigungsmittel und „Salzjoker"

Die Salze und ihre Charakteristika

Nr. 1: Calcium fluoratum (D12)
Wachstumsmittel

Die wohl wichtigsten Kriterien für die Förderung eines gesunden Wachstums sind die Unterstützung des Knochensystems und die Erhaltung der Elastizität des Gewebes. Das Salz Nr. 1 wird in folgenden Organen verstärkt benötigt: Knochenhülle, Bänder, Muskeln, Nieren, Lunge, Gehirn, Augenlinsen. Ebenso kommt diesem Salz eine zentrale Funktion bei der Bildung von Kollagen, Keratin und Elastin zu, es ist somit das wichtigste Mittel für den Aufbau des Stützgewebes. Beim Hund sind es in erster Linie die Gelenke, besonders das Hüftgelenk und die Bandscheiben, wie auch die Sehnen, Bänder und Zähne, bei denen sich der Einsatz des Salzes Nr. 1 als sehr wertvoll erweist.

Anwendungsgebiete

Bei Arthrose und Arthritis, die heute, begünstigt durch viele Zucht- und Haltungsfehler, schon bei relativ jungen Hunden auftreten, spielt Calcium fluoratum eine herausragende Rolle. Schon im Welpenalter sollte man dem Aufbau des Knochensystems, dem Binde- und Stützgewebe wie auch der Zahnentwicklung viel Aufmerksamkeit schenken und schon früh mit dem Einsatz des Schüßler-Salzes Nr. 1 beginnen. Für das gesamte Leben des Hundes ist die Festigkeit des Gewebes von großer Bedeutung, ebenso die Elastizität, die Ausdehnung und Zusammenziehung der Muskeln, Sehnen und Bänder. Elastizitätsmangel zeigt sich beispielsweise in Bänder- und Sehnenschwäche, aber auch in der Tendenz zu Schwellungen und Verhärtungen. Dies kann sich dann in Verhärtungen der Drüsen, aber auch in anderen Gewebsverhärtungen von Organen wie zum Beispiel der Leber, Schilddrüse oder Niere zeigen, begleitet von entsprechenden Krankheitszeichen des Hundes.

Rheuma, Zerrungen und Verrenkungen sowie Gelenkschwellungen, Gelenkentzündungen, Schmerzen der Muskulatur und Muskelschwund sind weitere Anwendungsbereiche von Nr. 1. Ebenfalls erschlaffte Bänder (vor allem auch bei älteren Hunden): Meist springen die Hunde jetzt nicht mehr gern oder wollen keine Treppen mehr benutzen. Weitere mögliche Symptome sind Trippelschritte oder die Verweigerung des täglichen Spaziergangs. Der Gang des Hundes kann auch schwankend und schwach sein. Oft beobachtet man zudem einen schlaffen Bauch, den sogenannten Hängebauch, oder schlaff herabhängende Haut und Hautfalten.

Welpen benötigen für alle Wachstumsprozesse Calcium fluoratum.

> ### Tipp
>
> **Einsatzfelder von Nr. 1**
>
> *Knochen, Sehnen, Bänder, Gefäße und Muskeln, Zähne, Krallen und Haarkleid. Verhärtungen und Schwellungen von Gewebe. Verlust der Elastizität.*

Bei Mangel an Calcium fluoratum zeigen sich Veränderungen der Haut, der Krallen oder der Haare, beispielsweise Fellverlust wie bei diesem Retriever.

Insgesamt zeigt die Haut sich wenig elastisch, sie ist dadurch auch empfindlicher. Infolgedessen neigt der Hund zu trockener Haut mit Pilzbefall, Warzenbildung und starkem Juckreiz. Auch die Anhangsgebilde wie Ballen und Krallen können sich verändern. Diese werden trocken, spröde und brüchig. Das Fell ist glanzlos, trocken und neigt zu Verfilzung und Haarausfall.

Calcium fluoratum wird auch bei Schwellungen und Verhärtungen eingesetzt, so kann es eine Hilfe bei Analdrüsenschwellungen und Entzündungen sein (prägnantes Anzeichen: „Schlittenfahren" des Hundes, das heißt, er rutscht mit seinem Hinterteil ständig über den Boden und beleckt auffällig oft seinen Analbereich). Meist zeigt sich dann dort eine Rötung bis hin zu völligem Fellverlust und/oder die Schwellung der Analdrüse. Diese sollte dann nur vom Tierarzt oder einem wirklich geübten und erfahrenen Tierhalter ausgedrückt werden!

Hunden, die zu Liegeschwielen und deutlich vermehrter Bildung von Hornschichten neigen, fehlt oft das Salz Nr. 1. Dasselbe gilt für Hunde, die häufig unter nässendem Ausschlag und allgemein schlecht heilenden Wunden leiden.

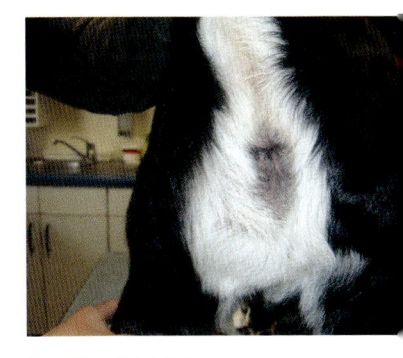

Analdrüsenfistel links

Schlechtes Zahnwachstum, später Zahnwechsel, Lockerung des Zahnapparates sowie häufige Entzündungen der Zähne, des Zahnfleisches und insgesamt des Mundraums lassen sich gleichfalls auf das Fehlen von Calcium fluoratum zurückführen. Bei Mangel an Nr. 1 können auch Irritationen des Magen-Darm-Traktes auftreten.

Nr. 1: Calcium fluoratum (D12)

Calcium fluoratum ist insbesondere für die stillende Hündin und ihre Welpen wichtig.

In diesem Fall reagiert der Hund etwa bei fetter Nahrung mit schmerzhaften Durchfällen und erbricht unverdaute Nahrung. Durchfall und Verstopfung wechseln sich häufig ab, und es ist zu beobachten, dass der Hund bei Verstopfung sehr stark pressen muss, damit der Kot abgeht.

Anwendung bei der Hündin

Bei Hündinnen, die schon Geburten hinter sich haben, äußert sich ein Mangel an Calcium fluoratum an einem ausgedehnten, durch Elastizitätsverlust bedingten Hängebauch. Das Schüßler-Salz Nr. 1 ist Stärkungsmittel bei Trächtigkeit und Geburt und wichtig für den Milchfluss. Es hilft gegen Schwellungen und Verhärtungen der Geschlechtsorgane, hier auch bei Milchdrüsenentzündung und verhärtetem Gesäuge.

Der tragenden Hündin sollte stets das Salz Nr. 1 zugeführt werden, da es einerseits bereits dem ungeborenen Welpen zur Unterstützung des allgemeinen Wachstums dienlich ist, andererseits auch der Hündin selbst wichtige Stoffe für die Eigenverwertung zukommen, die in diesem außergewöhnlichen Zustand der Trächtigkeit verloren gehen. Die Rückbildung der Gebärmutter nach der Geburt wird gefördert, einer Senkung und möglicher Unfruchtbarkeit kann vorgebeugt werden.

Schüßler-Salz Nr. 1 wirkt regulierend auf die Milchproduktion des Muttertiers und wird dadurch für den Welpen besonders wertvoll. Da er nun bereits über die Milch mit Calcium fluoratum versorgt wird, kann jetzt schon der Grundbaustein zur Unterstützung des Knochenwachstums, des Stütz- und Bindegewebes wie auch für die gesunde Entwicklung der Zähne gelegt werden.

Anwendung beim Rüden

Calcium fluoratum wirkt gegen die Schwellung der Geschlechtsorgane und vermehrten Geschlechtstrieb. Dieser kann sich durch ständiges Markieren (kleinste Mengen von Urin werden an markanten Stellen im Revier des Hundes abgelassen) zeigen. Dabei kann es so weit gehen, dass der Hund auch in der Wohnung Markierungszeichen setzt und seinen Besitzer damit terrorisiert. Auch Schwellungen der Geschlechtsorgane des Rüden, wenn dieser übermäßig auf den Geruch läufiger Hündinnen reagiert, kann durch die Gabe der Nr. 1 entgegengewirkt werden.

> ### Tipp
>
> Bei Scheinschwangerschaft der Hündin kann die Schwellung von Geschlechtsorganen und Gesäuge durch Zufuhr von Nr. 1 gelindert werden.

Typische psychische Merkmale (z. B. Französische Bulldogge, Golden Retriever, Rhodesian Ridgeback)
Ein Mangel an Salz Nr. 1 macht sich in der Unflexibilität eines Hundes bemerkbar, auf ungewohnte Situationen gelassen zu reagieren. Der Hund zeigt Eifersucht, hat einen großen Bedarf an Aufmerksamkeit und nur wenig Selbstvertrauen. Oft besteht eine unbegründete Ängstlichkeit. Der Hund ist wehleidig und empfindlich bis hin zu ängstlichen, aggressiven Verhaltensweisen. Weitere Merkmale sind: plötzliches Aufschrecken aus dem Schlaf, die Hunde sind sogenannte Frühaufsteher, das heißt, sie wecken schon in den frühen Morgenstunden zwischen vier und fünf Uhr, sie verweigern Futter und sind appetitlos, häufig zeigen sie vermehrten Geschlechtstrieb.

Der Hund neigt zu ängstlichem Verkriechen bei allem Unbekannten. So hat er zum Beispiel große Schwierigkeiten, sich auf einen Umzug einzustellen. Er verzieht sich dann in eine Ecke der neuen Umgebung und wirkt für längere Zeit depressiv. Wenn man auf ihn eingehen und ihn beruhigen will, kann er ein durchaus aggressives Verhalten an den Tag legen. Außerdem ist dieser Hund nicht gern allein. Diese Situation fördert seine Angst, Unsicherheit und Panik. Er jault, bellt, kratzt und kann seiner Umgebung damit den Nerv rauben. Selbst im Schlaf zeigt sich diese Unart. Es ist zu beobachten, dass der Hund sehr intensiv träumt, was durch seinen ganzen

> **Info**
>
> *Calcium fluoratum ist ein sehr langsam wirkendes Mittel und muss daher über sehr lange Zeit hinweg verabreicht werden.*

Beispiel für psychische Merkmale von Calcium fluoratum: Rhodesian Ridgeback.

Nr. 1: Calcium fluoratum/Kalziumfluorid – Einsatzgebiete von A–Z

Abnahme von Gewicht trotz ausreichender Fütterung

Altersschwerhörigkeit, altersbedingte Reaktionsschwäche, Konzentrationsmangel

Appetitlosigkeit, Verweigern von Nahrung

Augenprobleme (Bindehautentzündungen, grauer Star, Linsentrübung, Nachlassen der Sehkraft)

Bandscheibenbeschwerden und -schäden

Bindegewebserschlaffung (Organsenkung, z. B. Gebärmuttersenkung, Blasenschwäche, allgemeine Bänderschwäche, z. B. Schlottergang oder schwankender Gang, Bändererschlaffung, Hängebauch, Gebärmuttervorfall)

Drüsenverhärtungen (Lymphdrüsen, Analdrüse, Leber, Schilddrüse, Niere)

Fell stumpf und trocken, Haare schnell brüchig, Verfilzung, Haarausfall

Geschlechtstrieb verstärkt

Haut, spröde, rissig und abwehrgeschwächt (auch Risse in den Ballen, zwischen den Zehen, an Schnauze und Nase), daher leicht Pilzbefall und Neigung zu Geschwüren. Schlecht heilende Wunden, deutliche Narbenbildung. Starker Juckreiz durch Elastizitätsverlust der Haut

Herzerweiterung, Herzvergrößerung

Hodenschwellung, Hodenverhärtung

Knochenbrüche, Knochenerweichung mit Knochendeformationen

Krallen trocken, spröde, rissig, fallen aus

Magen-Darm-Problematik mit abwechselnd Durchfall und Verstopfung, Erbrechen

Muskelschwund, Muskelverhärtung

Schwielenbildung

Sehnenverkürzung

Überbein

Warzen treten häufig auf

Wirbelsäulenprobleme

Zahnschmerzen und -schäden, Karies, lockere Zähne und Zahnausfall, schlechter und später Zahnwechsel, Zahnfleischentzündung, Zahnfleischschwund

Körpereinsatz deutlich wird. Er läuft, bellt, zuckt und zeigt Schreckhaftigkeit, Angst und Schmerzempfindungen im Schlaf.

Auch im täglichen Leben wirkt der Hund schreckhaft und ängstlich. Er klemmt seine Rute ein und demonstriert damit unterwürfiges Verhalten sowohl Menschen als auch anderen Tieren gegenüber. Manchmal verweigert er sein Futter oder er frisst schlecht, magert ab und erscheint trotz guten Futters unterernährt und schwach. Die eher häufig auftretende Appetitlosigkeit geht mit deutlicher Kälteempfindlichkeit, also schnellem Frieren, einher.

Vor allem der ältere Hund leidet bei Mangel an Nr. 1 sehr unter Anpassungsschwierigkeiten. Selbst Autofahrten und Urlaube können bei diesem Hund Reaktionen wie die oben beschriebenen hervorrufen. Psychische Auffälligkeiten des alten Hundes können auch auf ein Nachlassen der Orientierung durch Einschränkungen der Sinnesorgane (Augen, Ohren) zurückzuführen sein, die der Unterstützung des Salzes Nr. 1 bedürfen. Konzentrationsverlust und erhebliche Wesensveränderungen (Demenz) stellen sich ein, der Hund wird plötzlich unsicher und ängstlich und zeigt eventuell situationsabhängig aggressive bis gefährliche Verhaltensweisen. Beim älteren Hund kann die Gabe von Calcium fluoratum die Anpassungsfähigkeit an ungewohnte Situationen fördern. Bei psychischen Veränderungen, hervorgerufen durch fortschreitende und altersbedingte körperliche Einschränkung des Hundes, kann die Nr. 1 für Linderung sorgen.
Der junge Hund kann durch die ausreichende Zufuhr des Funktionsmittels Nr. 1 in der Stärkung und Festigung seines Selbstbewusstseins, vor allem in neuen Situationen, unterstützt werden.

Nr. 2: Calcium phosphoricum (D6)
Ausbildungsmittel

Das Schüßler-Salz Nr. 2 ist als das Funktionsmittel der Zellmembran zu bezeichnen, denn es sorgt für die Durchlässigkeit und damit für die Versorgung der Zelle mit wichtigen Baustoffen sowie für den Abtransport von Stoffwechselprodukten aus der Zelle heraus. Dies hat vor allem für den Knochenstoffwechsel des Hundes eine große Bedeutung, ebenso für dessen Muskelstoffwechsel, für die Gefäßzellen, Nerven- und Gehirnzellen.
Salz Nr. 2 reguliert die Abbauprozesse im Organismus des Tieres, es dämpft beispielsweise den übermäßigen Abbau von Knochen- und Zahnsubstanz. Weiterhin unterstützt Calcium phosphoricum die Aufnahme von Nahrungseiweißen und die damit verbundene Bildung des körpereigenen Eiweißes. Dieses wiederum wird zur Bildung von Blutzellen (roten und weißen Blutkörperchen) benötigt, die wichtige Versorgungsfunktionen im Körper erfüllen müssen. So sind sie etwa für die Abwehr oder die Sauerstoffversorgung und damit für Aufbauaufgaben im gesamten Organismus verantwortlich. Ebenso ist Nr. 2 an der Bildung von Gerinnungsstoffen beteiligt.

> **Info**
>
> *Schüßler-Salz Nr. 2 ist das Stärkungsmittel, einsetzbar bei allen Aufbauprozessen von Blut, Eiweiß und Zellen.*

> **Tipp**
>
> *Für den heranwachsenden Hund ist die Kombination von Salz Nr. 2 mit Salz Nr. 1 (Calcium fluoratum) in jeder Hinsicht zu empfehlen.*
> *Beide Salze müssen jedoch über lange Zeit verabreicht werden!*

Yorkshireterrier und Terrier sind Beispiele für psychische Merkmale von Calcium phosphoricum.

Anwendungsgebiete

Auf die Muskeltätigkeit hat Calcium phosphoricum eine beruhigende Wirkung, besonders bei schwer zu lösenden, lange anhaltenden Muskelkrämpfen. Es handelt sich dabei um die willkürlichen Muskeln, also diejenigen Muskeln, die willentlich bewegt werden können, beispielsweise die Skelettmuskulatur. Eine Verspannung etwa der Rückenmuskulatur führt beim Hund zu starken Problemen des gesamten Bewegungsapparates und der damit verbundenen Nerven. So wirkt Nr. 2 auch einer Übererregbarkeit des Nervensystems entgegen. Es beruhigt die Nerven des Hundes, fördert somit die Konzentration und Leistungsstärke und ist sehr hilfreich bei der Ausbildung geistiger Leistungsfähigkeit bei jungen Hunden. Daher wird es auch als Ausbildungssalz bezeichnet, weil es den jungen Hund festigt und ihn dabei unterstützt, die täglichen Anforderungen in guter körperlicher und seelischer Verfassung zu bewältigen.

Calcium phosphoricum kommt sowohl bei allen beginnenden Erkrankungen als auch während der Rekonvaleszenz und zur Abwehrstärkung zum Einsatz. Es wird bei Entwicklungsrückständen und Schwächezuständen verabreicht sowie bei Allergien und bei Überanstrengung. Darüber hinaus findet es Anwendung zur Unterstützung des Knochenaufbaus und des inneren Aufbaus der Zähne, zur Stärkung und Versorgung einer eher schwachen Muskulatur sowie zur Entspannung.

Die Zufuhr von Schüßler-Salz Nr. 2 erweist sich als sinnvoll, wenn die Haut mit Stoffwechselprodukten überlagert wird. Sie zeigt sich dann faltig und neigt zu deutlicher Schuppenbildung mit starkem Juckreiz. Sommerekzeme gehören zu solchen Beschwerdebildern, ebenso allergische, zu Flechtenbefall neigende Hautreaktionen bei trockener Haut.

Zur Unterstützung bei allen Herzproblemen wie auch bei einer Blutarmut sollte Nr. 2 bevorzugt zum Einsatz kommen.

Typische psychische Merkmale (z. B. Yorkshireterrier, Terrier)
Hierbei handelt es sich um ein nervöses, angespanntes und ängstliches Tier, das recht eigensinnig ist und daher sehr oft ungehorsam. Der Eigensinn kann in Starrsinn übergehen und man braucht in diesem Fall große Geduld mit dem Hund, insbesondere gilt es, gewisse Regeln festzulegen und einzuhalten. Meist wehrt der Hund sein Halsband ab, streift es immer wieder über den Kopf und möchte auch nicht angeleint werden. Alles, was ihn einengt, bringt ihn in

Nr. 2: Calcium phosphoricum/Kalziumphosphat – Einsatzgebiete von A–Z

Abwehrschwäche
Ängstliche Reaktionen bei Einengung
Allergien aller Art
Anämie (verminderte Zahl von roten Blutkörperchen)
Appetit verstärkt, gierige Nahrungsaufnahme
Atmungsorgane häufig entzündet, übel riechender Atem
Augenprobleme
Bänderdehnung, Bänderschwäche
Beruhigung der Nerven- und Muskelspannung
Bewegungsapparat (Wachstumsschmerzen, brüchige Knochen, Osteoporose, Steifheit, Gelenk- und Wirbelsäulenprobleme mit Schmerzen, Entzündungen, Deformationen, Rheuma)
Blutarmut, Blutdruckschwäche, schnelle Ermüdbarkeit, Blutgerinnungsstörungen, Blutungsneigung bei Verletzungen und operativen Eingriffen
Durchfall, vor allem bei der Zahnung des Welpen und bei Zahnwechsel
Epilepsie (als Begleittherapie)
Haarausfall
Harndrang, Harngrieß und damit mögliche Nierensteinbildung
Hautunreinheiten, Krustenbildung der Haut und Bläschenbildung (gefüllt mit eiweißhaltiger Flüssigkeit. Werden die Pusteln geöffnet, ergießt sich weißlich gelbe, zähe Flüssigkeit)
Heiserkeit
Herzprobleme mit Neigung zu Herzmuskelkrämpfen, Herzflattern, Pulsbeschleunigung, Kollaps, Durchblutungsstörungen
Knochenauftreibungen, Überbein, Knochenbrüche
Konzentrationsschwierigkeiten
Krämpfe und Zuckungen
Kribbeln und Unruhe
Magen-Darm-Probleme mit dünnen, grünen, schleimigen Durchfällen und unverdauten Nahrungsbestandteilen
Mandelentzündung
Mundgeruch
Muskelkrämpfe
Nervenschmerzen
Nierenprobleme mit Eiweiß im Urin
Rekonvaleszenz (Wiederaufbau nach Krankheiten)
Schlafstörungen, Unruhe meist gegen Mitternacht und in den frühen Morgenstunden
Steifheit, vor allem morgens und nach langem Liegen
Überbein
Wachstumsschmerzen
Wirbelsäulenprobleme
Zahnprobleme, Zahnverfall, schadhafte Zahnentwicklung, verzögerter Zahnwechsel

Spannung. So kann ihn das Einsperren in einem Zimmer, Zwinger oder Hundekorb in Panik versetzen. Er wird kaum allein zu Hause bleiben wollen und möglicherweise die ganze Wohnung auf den Kopf stellen. Die Erziehung des Hundes gestaltet sich recht schwierig, da er oftmals unkonzentriert oder übereifrig ist. Letzteres verstärkt die Nervenanspannung des Tieres, manchmal erscheint es regelrecht hyperaktiv. Meist sind die Hunde sehr intelligent und stehen sich durch ihre übermäßige Leistungsbereitschaft selbst im Weg.

Bei sportlichen Veranstaltungen oder Hundeschauen kann der Hund dann plötzlich unvorhersehbare Schwierigkeiten machen. Er zeigt nicht mehr konzentriert seine Leistungen, sondern springt herum, nimmt einen völlig falschen Parcours oder will plötzlich nicht mehr die gewohnte Vorstellung absolvieren. Schimpfen, Maßregeln oder der Versuch, sich dem Hund gegenüber durchzusetzen, führen zu nichts, eher wird die Spannung beim Hund noch verstärkt. Er zeigt dann deutlich seine Angst und kann gelegentlich auch aggressiv reagieren.

Vor allem ist dieses Salz für den jungen Hund und den Hund in der Ausbildung von großer Bedeutung. Es hilft ihm die Spannungen des Nervensystems zu regulieren und zu lösen und bietet ihm Sicherheit, sodass er die Erziehungsanforderungen und die Ausbildungsnormen gelassen verarbeiten kann. Die Konzentration wird gefördert und die geistige und körperliche Entwicklung des Hundes damit erheblich unterstützt. Daher auch die Bezeichnung **Ausbildungs- und Entwicklungssalz.**

Calcium phosphoricum stärkt die Konzentrationsfähigkeit.

Nr. 3: Ferrum phosphoricum (D12)
Leistungs- und Erste-Hilfe-Mittel

Dieses Salz wird in allen Organen benötigt, vorwiegend in den Muskelzellen, im Blut, in Gehirn und Leber, in allen Drüsen wie Bauchspeicheldrüse, Nebennierenrinde, Schilddrüse sowie in den Verdauungsorganen. Eisen muss dem Körper zugeführt werden, daher wird es auch als essenzielles Mineral bezeichnet. Es ist Bestandteil des Hämoglobins (des roten Blutfarbstoffs) und reichert die roten Blutkörperchen (Erythrozyten) mit Sauerstoff an. Eisen ist sowohl Funktionsmittel als auch Baustoff.

Einen besonderen Stellenwert hat Ferrum phosphoricum für die Abwehrreaktion des Körpers und seine Leistungsfähigkeit, vor allem für die Muskeln. Unter anderem ist es ein wichtiges Mittel bei Fieber. Die Temperaturerhöhung wird durch einen erhöhten Stoffwechsel hervorgerufen, der wiederum verstärkt Sauerstoff benötigt. Dieser Prozess wird durch die Sauerstoff bindende Eigenschaft des Ferrum phosphoricum maßgeblich unterstützt, und dadurch werden die Abwehrmechanismen des Körpers in Gang gebracht.

Info

Ferrum phosphoricum ist das **„erste Mittel"** bei allen Entzündungen und Infektionskrankheiten. Man kann es auch als **„Akutmittel"** bezeichnen.

Nr. 3: Ferrum phosphoricum/Eisenphosphat – Einsatzgebiete von A–Z

Abwehrschwäche, allgemeine	Heiserkeit
Anstrengungen/sportlicher Einsatz	Husten
Appetitlosigkeit	Infektionen und Entzündungen, akute
Atemwegsinfektionen	Konzentrationsschwierigkeiten
Augenentzündungen (Lichtscheu, gerötete Augen, Bindehautentzündung)	Lahmheit
	Lungenentzündung
Bänderschwäche	Magenprobleme mit Erbrechen, vorwiegend nach dem Fressen
Berührungsempfindlichkeit	
Blasenentzündung	Mandelentzündung
Blasse, fahle Haut und Schleimhäute	Muskelerschlaffung, vor allem bei Erkrankungen und danach
Blutandrang, erweiterte Gefäße durch Blutüberfüllung, Blutarmut, Blutungen, hellrot	
	Muskelschmerzen, Muskelzerrung, Muskelkater
Bronchitis	Nervenschmerzen, vor allem bei Infektionen
Darmträgheit, Darmentzündungen	Nierenprobleme mit Entzündung und ständigem Harndrang
Durchblutungsstörungen	
Durchfall	Rheumatische Beschwerden, vor allem nach langem Liegen
Eisenmangel	
Ekzeme mit Rötungen der Haut	Schnitt- und Schürfwunden
Erbrechen (Magen-Darm-Erkrankungen)	Überanstrengung
Erste-Hilfe-Salz bei allen Erkrankungen und Verletzungen!	Unruhe, nächtliche
	Verletzungen, Verstauchungen, Verrenkungen, Quetschungen
Fieber, leichtes Fieber	
Gelenkentzündungen	Vorbeugung gegen Infektionen
Gesäugeentzündungen	Wiederaufbau nach allen Erkrankungen
Grippe	Wundheilung wird verbessert
Haarwachstumsstörungen, dünnes Haarkleid	Zahnempfindlichkeit, Zahnschäden, Zahnfleischentzündungen mit Blutungen
Halsentzündungen	
Hauterkrankungen, -entzündungen	

Anwendungsgebiete

Salz Nr. 3 kommt sofort zum Einsatz bei erhöhter Temperatur bis mittlerem Fieber, denn es regt das Immunsystem, die Blutbildung und die Durchblutung an. Gut wirkt es bei Verletzungen, Wunden und Blutungen, Durchfällen, Entzündungen der Haut, der Augen, der Ohren, bei Schnupfen, Entzündungen der Bronchien und Lunge sowie bei allen Magen-Darm-Entzündungen. Weitere Anwendungsfelder sind akute Gelenkentzündungen oder Knochenbrüche mit Weichteilverletzungen. Bei allen körperlichen Anstrengungen und im sportlichen Einsatz ist die Zufuhr von Ferrum phosphoricum ebenfalls sinnvoll. Auch Entzündungen der Harnorgane sowie entzündliche Veränderungen der Geschlechtsorgane gelten als wesentliches Einsatzgebiet von Schüßler-Salz Nr. 3.

Wichtig ist die Gabe dieses Salzes auch nach Operationen, bei Impfungen und Wurmkuren. Dadurch, dass Salz Nr. 3 die Blutbildung unterstützt, ist es bei Welpen und jungen Hunden sinnvoll eingesetzt. Bei immer wiederkehrenden Entzündungen, ausgehend von Verletzungen der Haut, Muskeln oder Sehnen, hat sich der Einsatz von Nummer 3 bewährt. Bei allen Infekten der Bronchien und Lunge, des Magen-Darm-Traktes sowie der Harnwege ist dieses Salz als Sofortmittel (alle 15 Minuten jeweils die für die Größe des Hundes angezeigte Tablettenmenge verabreichen) angezeigt.

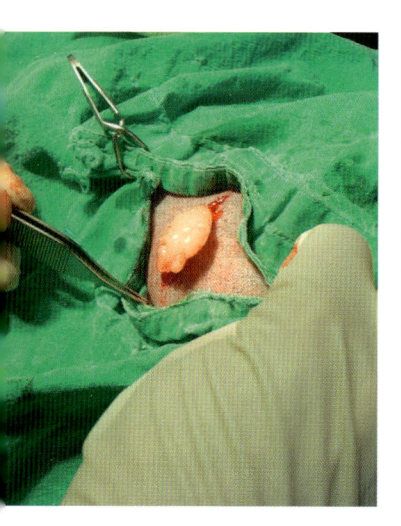

Bei Operationen – wie hier Entfernung eines Lipoms – beschleunigt Ferrum phosphoricum den Heilungsprozess.

Typische psychische Merkmale (z. B. Pudel, Nackthunde, Windhunde)

Dieser Hund ist das „Sensibelchen" unter allen Schüßler-Salz-Bildern. Ist er von der körperlichen Statur her eher schwächlich, mager und kränklich, zeigt er sich auch in seiner psychischen Verfasstheit als besonders empfindsam. Der Hund ist übersensibel, eher ängstlich und unsicher. Er benötigt sehr viel Aufmerksamkeit, Zuwendung und einen behutsamen Umgang. Meist liegt der Hund mit schlappen Ohren an seinem Platz, möchte sich nur wenig bewegen und ist wehleidig. Manchmal jault er schon auf, ohne dass man ihn berührt hat. So mag es sein, dass er sich nicht gern anfassen und streicheln lässt, obwohl er Mitgefühl erwartet. Bekommen diese Hunde zu wenig Aufmerksamkeit, können sie ungehorsam oder eigenwillig reagieren und leicht aggressive Züge zeigen. Sie können sich auch in etwas hineinsteigern und völlig kopflos reagieren (Tierarztbesuche!).

Der Hund mag nicht mehr gern spazieren gehen, seine Muskulatur erscheint schlaff, er friert schnell und meidet Nässe und Kälte. Beim Spielen zeigt er wenig Interesse, und wenn, dann nur während kurzer, angestrengter Phasen, die mit deutlicher Erschöpfung enden. Stimmungsschwankungen äußern sich in Phasen von kurzer Euphorie, Nervosität und Überreizung bis hin zu Verweigerung und totalem Rückzug. In diese Kategorie fallen auch die Hunde, die angebliche starke Schmerzen zur Schau stellen können, beispielsweise durch Hinken oder Wimmern und Jaulen. Trotzdem sollte

> **Info**
>
> *Hunde, denen es an Ferrum phosphoricum mangelt, sind eher zartgliedrig und nicht mehr so leistungsbereit. Sie ermüden schnell, magern ab und zeigen keine Ausdauer mehr. Sie haben eine deutlich geschwächte Abwehr und eine schlechte Heilungstendenz bei Verletzungen aller Art.*

man auch hier sichergehen, ob dem Verhalten dieses „Simulanten" nicht doch echte Beschwerden oder Erkrankungen zugrunde liegen. Vielfach zeigen diese Hunde auch durch psychische Symptome, dass sich bereits ein Infektionsherd im Körper befindet. Der Hund wird sich jetzt eher ein kühles Plätzchen suchen, denn Wärme würde seinen Zustand verschlimmern. Man sollte auch nicht vergessen, dass die Hunde in diesem Fall meist ihr Futter verweigern oder schon einige Zeit wenig freudig fressen und appetitlos sind.

Häufig auftretende Mundschleimhautentzündungen, Zahnfleischbluten, Zahnvereiterungen und Rachenentzündungen, aber auch alle immer wiederkehrenden entzündlichen Veränderungen an der Haut, den Pfoten und den Krallen zeigen den Bedarf an Nr. 3 an.

> **Tipp**
>
> *Manchmal weisen psychische Symptome des Hundes (scheinbares „Simulantentum") auch auf eine vorhandene Infektion hin. Vergewissern Sie sich deshalb, ob der Hund Fieber hat.*

Windhunde haben viele Merkmale, die zu Ferrum phosphoricum passen.

Nr. 3: Ferrum phosphoricum (D12)

Nr. 4: Kalium chloratum (D6)
Schleimhautmittel

Kalium chloratum findet sich – wie auch Ferrum phosphoricum – in den roten Blutkörperchen sowie in Gehirn-, Muskel- und Nervenzellen. Es hat eine besondere Entgiftungsfunktion, denn es reguliert die Blutfließgeschwindigkeit, aktiviert die Drüsenfunktion und regt dadurch die Entgiftung und Entschlackung des Körpers an. Eine Faserstoff absondernde und auflösende Eigenschaft von Kalium chloratum führt zur Freisetzung von Fäden ziehendem Schleim, deshalb wird das Schüßler-Salz Nr. 4 auch als Schleimhautmittel bezeichnet. Es ist das Mittel in der **zweiten Stufe einer Entzündung** und unterstützt die Prozesse, die bereits auf die Schleimhäute übergegangen sind.

Anwendungsgebiete
Bei Bedarf an Kalium chloratum sind schwer lösbare, zähe, schleimige Absonderungen von meist weißlicher Farbe zu beobachten. Sie können sich in Form von Schnupfen, Auswurf bei Husten, aber auch in Form von glasig weißlichen Beimengungen der Ausscheidungen von Darm und Nieren oder der Geschlechtsorgane zeigen. Absonderungen von starkem, dicklich zähem Blut bei Läufigkeit sind Zeichen von Mangel an Nr. 4, ebenso nässende Ohrentzündungen mit Absonderung von dickem zäh weißlichem Schleim.
Die Drüsen sind häufig geschwollen und es können entzündliche Schwellungen im Gewebe und an den Gelenken vorkommen. Hier-

Cockerspaniels und Golden Retriever sind typische Beispiele für das Kaliumchloratum-Bild.

Die Schüßler-Salze

Nr. 4: Kalium chloratum/Kaliumchlorid – Einsatzgebiete von A–Z

Afterjucken (Schwellung der Analdrüsen), erkennbar durch „Schlittenfahren"	Hormonhaushaltunterstützung
	Immununterstützung
Analdrüse (Schwellung und Entzündungen)	Leberunterstützung für Ausleitung von Schadstoffen
Appetitverlust	
Asthma	Lungenentzündung
Bauchspeicheldrüsenprobleme	Lymphknotenschwellung
Blasenentzündung	Magen-Darm-Entzündungen
Blutungen bei Läufigkeit, zeigen sich in dicklich zähem, dunklem Ausfluss	Mandelentzündung
	Muskelschwäche
Blutverdickung	Neuralgische Beschwerden (Nervenschmerzen)
Bronchitis	Ohrenentzündungen
Darmentzündung, Darmträgheit	Rheuma
Drüsenschwellung (hier: weich)	Schleimabsonderungen
Drüsentätigkeit und Stoffwechsel, zur Anregung	Schleimbeutelentzündungen
Durchblutungsstörungen	Schleimhauterkrankungen aller Art
Entgiftungsmittel	Schnupfen mit zähem weißlichen, Fäden ziehenden Schleim
Entzündungen und Erkältungen (Atemwegs-, Darm- und Nierenerkrankungen), chronische	
	Trägheit, allgemeine
Fisteln	Tumoren (Unterstützung des Allgemeinbefindens, Abwehr und Entgiftung)
Gelenke (Rheumatismus und Schwellungen)	
Haut (Bläschenbildung, mit weißlichem harten Kern, der sich nicht ausdrücken lässt)	Zysten

bei handelt es sich jedoch um weiche Schwellungen, die nicht mit Ödemen (Wasseransammlungen im Gewebe) zu verwechseln sind. Auch an der Haut des Hundes kann die Faserstoff absondernde und auflösende Eigenschaft von Nr. 4 in Erscheinung treten. Daher kommt es bei Mangel an Nr. 4 zu typischen kleinen weißlichen Hauterhebungen. Dieser sogenannte Grieß lässt sich nicht (!) ausdrücken.

Aufgrund seiner entgiftenden Eigenschaft kommt das Schüßler-Salz Nr. 4 vor allem auch dann zum Einsatz, wenn der Hund Belastungen durch Medikamente, durch Impfungen oder durch andere Chemikalien ausgesetzt wird und deren Auswirkungen vorgebeugt werden soll. Hunde zeigen meist deutliche Impfreaktionen an der Einstichstelle oder generalisierte allergische Reaktionen der Haut mit Schwellung und Juckreiz. Auch manche Arzneimittel oder Insektenstiche können diese Reaktionen hervorrufen.

Nr. 4: Kalium chloratum (D6)

> **Info**
>
> **Nr. 4 unterstützt das Ausheilen einer Infektion**
> Ein Hund, der das Funktionsmittel Nr. 4 benötigt, befindet sich schon in der Abwehrphase, die nun, etwa drei bis vier Tage nach einer Infektion, mit den Symptomen der betroffenen Organe deutlicher sichtbar wird.
> Beachten Sie, dass der Hund in dieser Phase sorgfältige Zuwendung und zugleich Ruhe benötigt, denn zu viel Bewegung, fette Nahrung, Kälte wie auch Zugluft verschlimmern den momentanen Zustand deutlich. Hunde suchen sich daher oft einen warmen, sonnigen und ruhigen Platz.

Während einer Infektion ist der Hund ruhe- und wärmebedürftig.

Liegt ein Mangel an Kalium chloratum vor, dann sind die Hunde eher übergewichtig und meist hungrig. Weitere Mangelzeichen sind: stinkende Blähungen und lehmfarbene bis sehr helle schleimige Stühle, vermehrter Stuhldrang sowie Afterbrennen (wie bei Nr. 1 das „Schlittenfahren"). Darmentzündungen und Magenprobleme mit Erbrechen von Schleim treten auf. Fieber ist eher selten. Ebenso zeigen sich Entzündungen der Schleimhäute mit Bläschen im Mundbereich sowie der mehrmals im Jahr auftretende Schnupfen, der sich durch Niesen und durch das Austreten zähen weißlichen Schleims äußert. Halsentzündungen bis hin zur Bronchitis und Lungenentzündung sind nicht selten und dadurch erkennbar, dass der Hund unter Atemnot leidet und jetzt sehr krank wirkt. Auch Nebenhöhlenentzündungen sind zu beobachten.

Typische psychische Merkmale (z. B. Cockerspaniel, Golden Retriever)
Die Hunde, die bereits einige Tage mit der Abwehr einer Infektion oder Erkrankung zu kämpfen hatten, sind möglicherweise schon etwas geschwächt. Daher können die Tiere nun merklich unzufrieden und stupide sein. Sie werden träge, „weinerlich" und suchen die Nähe des Menschen. Diese Passivität kann aber auch schnell umschlagen und in unkalkulierbare Gefühlsausbrüche, Aggression und völlig untypisches Verhalten münden. Dazu kommt eine Berührungsempfindlichkeit, vor allem am Haarkleid. Einerseits verlangen die Hunde uneingeschränkte Aufmerksamkeit, andererseits mögen

sie nicht mehr liebevoll umarmt werden und ziehen sich immer mehr zurück. Diese Unentschiedenheit macht die Hunde so unberechenbar und auch für die Hunde selbst scheint dieser Zustand eine Belastung zu sein. Je nach Konstitution des Hundes wird diese zweite Phase der Entzündung überwunden und die Erkrankung heilt aus oder sie geht in einen chronischen Zustand über.

Nr. 5: Kalium phosphoricum (D6)
Nerven- und Muskelmittel

Kalium phosphoricum, das „Nerven- und Muskelmittel", ist vorwiegend in Gehirn- und Nervenzellen sowie im Blut, in den Muskelzellen und in der Zellzwischenflüssigkeit enthalten. Die Wirkung dieses Schüßler-Salzes Nr. 5 ist gleichzusetzen mit der des Kaliums. Kalium stellt das wichtigste Mineral im Inneren der Zelle dar, es bestimmt das Zellmilieu. In den Atmungsorganen der Zelle, den Mitochondrien, unterstützt Kalium den Zellstoffwechsel und somit auch die Zellentgiftung, die Zellstärkung sowie den Zell-

Beispiel für Merkmale des Kalium-phosphoricum-Typs sind beispielsweise Hütehunde.

neuaufbau. Vorwiegend in stoffwechselaktiven Zellen wie den Gehirnzellen oder den Muskelzellen zeigt sich die unterstützende Wirkung von Kalium phosphoricum. Fehlt dieses Mineral, können Probleme sowohl auf körperlicher als auch auf psychischer Ebene auftreten.

Anwendungsgebiete

Das Schüßler-Salz Nr. 5 ist ein häufig eingesetztes Mittel bei psychischen Störungen. Daher der auf die Behandlung des Menschen bezogene Merksatz: „Kalium statt Valium." Auch bei Hunden, die Symptome wie Angst, Unsicherheit, Konzentrationsschwäche, Übernervosität, Anspannung oder Platzangst zeigen, erweist sich Nr. 5 als wirksam.

Ein vorzügliches Mittel ist Kalium phosphoricum auch bei Fieber, denn es verhindert, dass der bei einer Temperaturerhöhung entstehende Zellverfall weiter fortschreitet. Nr. 5 dämpft die Verbreitung der Giftstoffe, aber auch die Zellreaktionen auf Strahlenbelastung und Belastungen durch Chemikalien (Medikamente). Es wird daher auch als das „**Antiseptikum der Biochemie**" bezeichnet. Aus diesem Grund ist es auch hervorragend einsetzbar bei bakteriellen und viralen Infektionen, etwa bei Wundinfektionen.

Bei Hunden ist Kalium besonders für die Muskulatur von Bedeutung. Vor allem der Herzmuskel benötigt diesen Mineralstoff, aber auch für die Skelettmuskulatur spielt er eine wichtige Rolle. Jede Muskelzelltätigkeit verbraucht Kalium phosphoricum. Je mehr der Hund also trainiert wird, desto höher ist die Beanspruchung der Muskeln und folglich auch der Bedarf an diesem Mineral. Schmerzen, die bei Bewegung oder größerer Anstrengung auftreten, sind Anzeichen eines Mangels an Kalium phosphoricum. Bei Hunden, die im sportlichen Einsatz sind, wird durch die Gabe von Nr. 5 einem Muskelkater vorgebeugt, andererseits werden die Herzleistung und die damit verbundene Ausdauer und ebenso die Psyche gestärkt. Auch Lähmungserscheinungen, Muskelschwund, Muskelzittern, Krämpfe und Zuckungen sind Einsatzfelder dieses Funktionsmittels. Ebenso Bänder- und Sehnenverkürzungen, Verhärtungen und Vernarbungen sowie Knochen- und Wirbelschmerzen, Gelenkschmerzen und Neuralgien. Sinnvoll ist die Gabe dieses Salzes zudem bei chronischen Entzündungen, hier im Wesentlichen bei Blasenentzündung (Harntröpfeln), Zahnfleischentzündungen mit vereiterten Zahntaschen und Mandelentzündung (faulig stinkender Mundgeruch).

Zu beachten

Wundinfektionen lassen sich mit Schüßler-Salz Nr. 5 behandeln. Dennoch muss hier selbstverständlich immer ein Tierarzt zurate gezogen werden!

Nr. 5: Kalium phoricum/Kaliumphosphat – Einsatzgebiete von A–Z

Aggression
Albträume (Treten, Jaulen usw. während des Schlafes)
Angst
Antriebslosigkeit, Apathie
Appetit (entweder ständig, selbst nach dem Füttern, oder Appetitverlust)
Asthmabeschwerden, vor allem durch Nervosität
Atembeschwerden, nervöses Hecheln
Aufregung
Augenmuskellähmung, Augenzucken
Blasenschließmuskelprobleme, Harnträufeln
Blutdruckveränderungen, eher niedrig
Darmpilzerkrankungen
Durchfall durch Aufregung, wässrig, stinkend
Entzündungen mit hohem Fieber und Schüttelfrost
Epilepsie
Erbrechen bei Stress
Ermüdungserscheinungen, Erschöpfungserscheinungen
Fehlgeburt, drohende Fehlgeburt bei sehr gestressten Tieren
Flechten an der Haut
Gallenblasenprobleme
Geburt (zur Stärkung während der Trächtigkeit und der Geburt)
Gehirnfunktionen meist zurückgeblieben
Geistige Trägheit
Gelenkschwellung mit Schmerzen
Geruch (meist deutlicher Mundgeruch ohne Infektionen, stinkend faulig)
Gliederschmerzen, Gliederzucken
Haarausfall (sehr oft kreisrund)
Halsentzündungen, Kehlkopfentzündungen
Harndrang, Harninkontinenz
Herzrhythmusstörungen, Herzschwäche
Hysterie
Infektionen, bakterielle
Konzentrationsmangel
Lähmungserscheinungen
Magenschmerzen, Magengeschwür
Muskelkater, Muskellähmung, Muskelschwund, Muskelverhärtungen, Muskelzucken, -zittern, -krämpfe
Nachlassen geistiger und körperlicher Funktionen
Nervenschmerzen (Neuralgie)
Nervenschwäche (allgemein), Nervenüberreizung
Pilzinfektionen
Platzangst (Klaustrophobie)
Rastlosigkeit
Rückenmarkserweichung
Rückenschmerzen und -krämpfe, Wirbelsäulenschwäche und -schmerzen
Ruhebedarf, der Hund möchte seine Ruhe haben und zieht sich zurück
Sehschwäche
Septische Zustände (mit Temperaturerhöhung)
Stimmungsschwankungen
Vergiftungen
Wirbelschmerzen
Zahnfleischentzündungen, Zahnfleischbluten, Zahnfleischschwund

> **Tipp**
>
> *Ein im Wachstum befindlicher Hund sollte unbedingt die Nr. 5 erhalten, auch wenn sich keine Mangelsymptome zeigen.*

Kalium ist ein wichtiges Mittel zur Rekonvaleszenz, also für die Regeneration und Kräftigung des Hundes bei Erschöpfungszuständen. Hunde mit einem Mangel an Nr. 5 haben einen eher schlanken Körperbau, sind meistens hyperaktiv und ängstlich (Nervensalz). Besonders häufig kommt es bei diesen Hunden zu Haarausfall. Bei jungen Hunden zeigt sich oftmals ein körperlicher Entwicklungsrückstand. Sie sind wenig bemuskelt, klein und schwächlich, äußerst unruhig und nervös. Zudem zeigen sie schon bei geringster Belastung schnell Ermüdungserscheinungen.

Typische psychische Merkmale (z. B. Jagdterrier, Deutsches Kurzhaar, Deerhound, Spitz, Pinscher)
Der meist sehr schlanke Hund zeigt die typischen Symptome der Hyperaktivität. Er rennt sinnlos umher, springt jeden an, gehorcht kaum und lässt sich nicht beruhigen und ablenken. Fast immer ist er ein gieriger Fresser, er kann sogar kurz nach dem Füttern wieder hungrig sein und bettelt ständig. Auf dem Hundeplatz ist er übernervös und ängstlich, hat den Schwanz eingezogen und kann durchaus panisch aggressiv auf fremde Hunde und auch auf Menschen reagieren, sogar zum Angstbeißer werden. Diese Hunde erscheinen insbesondere gegenüber allem Neuen ständig überfordert. Da sie sich nur sehr schlecht konzentrieren können, sind sie bei einem deutlichen Mangelzustand auch nicht für Hundeshows und Turniere geeignet.

Hunde, die lange krank waren oder unter chronischen Krankheiten leiden, sind durch den Kalium-phosphoricum-Mangel sehr müde und schlaff, gereizt, überempfindlich und sie jammern bei jeder Kleinigkeit. Sie meiden jede körperliche Anstrengung, wirken fast depressiv und ziehen sich zurück. Auch bei alten Hunden zeigt sich durch nachlassende Herzleistung wenig Bewegungslust. Die zurückgehende Gehirnzellentätigkeit äußert sich in Stimmungsschwankungen, Teilnahmslosigkeit, Gedächtnisschwäche und depressivem Rückzug. Nach Infektionskrankheiten erscheint der Hund oft sehr schwach und erschöpft, teilweise verhält er sich aber auch ungehorsam, nervös und wirkt psychisch überlastet. Es ist daher sinnvoll, den Hund nach Erkrankungen, Impfungen oder bei allergischen Reaktionen ausreichend mit Schüßler-Salz Nr. 5 zu versorgen.

Hunde, die an Leistungsgrenzen gehen, brauchen zur Erholung Kalium phosphoricum.

Nr. 6: Kalium sulfuricum (D6)
Fell- und Hautmittel

Das Kalium sulfuricum wird in der oberen Schicht der Schleimhäute, in der äußeren Oberhaut und in allen Sauerstoff verwertenden Zellen benötigt. Es ist das **Leberzellmittel der Biochemie**. Der venöse Blutkreislauf wird unterstützt, sodass eine positive und entlastende Wirkung sowohl auf die Leber als auch auf Organe wie Milz, Dünn- und Dickdarm (das Pfortadersystem) und das Herz ausgeübt wird. In den Muskelzellen, die viel Sauerstoff verwerten, spielt Nr. 6 neben dem Schüßler-Salz Nr. 5 (Kalium phosphoricum) die entscheidende Rolle für den Stoffwechsel. Diese Mineralstoffverbindungen unterstützen die Aufnahme von Sauerstoff und die Ausscheidung von Abbauprodukten. Deshalb sind beide Schüßler-Salze eine wertvolle Hilfe bei Muskelkater, Müdigkeit und Hinfälligkeit.

Nr. 6 wird auch als **Entzündungsmittel der dritten Phase** bezeichnet. In dieser Phase ist eine Entzündung so weit fortgeschritten, dass der Organismus des Hundes mit den nicht ausreichend abgebauten Krankheitsgiften überschwemmt wird. Dieser chronische Prozess zeigt sich häufig durch Haut-, Fell- und Schleimhautprobleme. Daher bezeichnet man das Schüßler-Salz

> **Tipp**
>
> *Bei allen Erkrankungen, deren Verlauf eher untypisch ist, sollte zusätzlich Kalium sulfuricum eingesetzt werden. Auch schlaffe Hunde ohne erkennbare Krankheitszeichen sollten unbedingt eine Zeit lang die Nr. 6 erhalten.*

Bei Mangel an Nr. 6 braucht der Hund viel frische Luft und will ständig nach draußen.

Nr. 6: Kalium sulfuricum/Kaliumsulfat – Einsatzgebiete von A–Z

Abszesse, schlecht heilend	Chronische Prozesse aller Art, als Entzündungs-
Aftervorfall	mittel der dritten Phase
Allergieneigung	Dackellähme
Angst in beengter Situation (Angstbeißer)	Darmentzündungen, Darmkolik
Antriebslosigkeit, allgemeine Unlust	Darmpilz
Appetit verstärkt, frisst gern Süßes	Darmträgheit
Augenbindehautentzündungen mit gelblicher,	Diabetes mellitus (Blutzucker)
schleimiger Absonderung	Drüsenschwellung
Ausschlag, schuppig (Haut, Ohren, Nase, After)	Durchblutungsstörungen
Auswurf von gelbem Schleim	Durchfall, meist weiß gelblich (eitrig)
Bauchfellentzündung	Eiweißharn bei chronischer Blasenentzündung
Bauchspeicheldrüsenentzündung	mit gelblich eitrigen Absonderungen
Blähungen	Entgiftung, Entschlackung
Blasenentzündung, chronisch	Erbrechen von gelblichem Schleim
Blutungen (z. B. Läufigkeit, bei Gebärmutter-	Fisteln
problemen) schwarz, dick, zäh	Flechtenbefall
Blutzucker	Gebärmutterentzündung mit schleimigem,
Brechdurchfall	blutigem Ausfluss
Bronchitis mit schwer löslichem Auswurf, meist	Gebärmuttersenkung
Rasselgeräusche	Gelenkrheumatismus, Gelenkschmerzen,
	wandernd

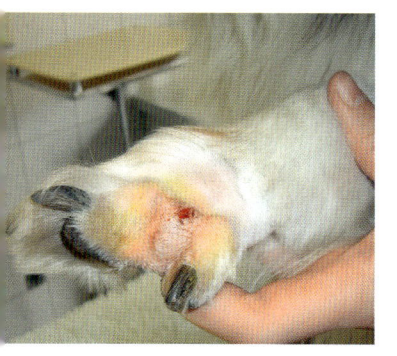

Typische Einsatzgebiete von Nr. 6: Fußballenabszess (chronische Pododermitis).

Nr. 6 auch als Fell- und Hautmittel. Die bisher genannten Entzündungsphasen laufen nicht immer nach einem einheitlichen Schema ab. Man kann manchmal beobachten, dass sich schon nach der ersten Entzündungsphase sofort das Krankheitsbild der Chronizität einstellt, also eigentlich ein Bild der dritten Phase, weshalb in diesem Fall schon frühzeitig das Salz Nr. 6 zum Einsatz kommen sollte.

Anwendungsgebiete

Eitrige Entzündungen, Geschwüre, Abszesse und andere chronisch entzündliche Erscheinungen, vor allem nach fieberhaften Erkrankungen, sind Einsatzgebiete für das Schüßler-Salz Nr. 6. Ebenso Vergiftungen und Neigung zu allergischen Reaktionen sowie sämtliche Gewebedefekte der Haut und der Schleimhäute. Kalium sulfuricum ist auch sinnvoll einsetzbar zur Bildung und Stabilisierung von Haaren und Krallen und wirkt allgemein positiv auf das Hautbild.

Nr. 6: Kalium sulfuricum/Kaliumsulfat – Einsatzgebiete von A–Z (Fortsetzung)

Geschwüre, Geschwulst	Maulgeschwüre, Maulwinkel sind empfindlich, reißen schnell ein, zeigen sich wund
Haar ergraut früh	
Haarausfall, meist büschelweise	Muskelkater
Hautausschlag, meist eitrig, gelblich bis ockerfarben	Nägel und Haare mit Wachstumsstörungen und Deformationen
Haut, fettig, schuppig, neigt zu Unreinheiten	Nierenentzündungen
Hautverfärbung, gelblich bis bräunlich	Ohrprobleme, Ohrenentzündungen, Schwellung angrenzender Drüsen (Hund schüttelt häufig den Kopf, kratzt und die Haut entzündet sich), Ohrenschmalzproduktion verstärkt, eitrig, zäh, manchmal blutige Absonderungen
Hodenentzündungen	
Hörstörung (Schwellung im Mittelohr)	
Hormonhaushalt wird unterstützt	
Juckreiz	
Kehlkopfentzündungen (Hund bellt heiser)	Rheumatismus
Kieferhöhlenvereiterung	Schleimbeutelentzündung
Kreislaufstörung im venösen Kreislauf	Schleimhautschwellung, Schleimhautverfärbung (blau)
Lampenfieber, Eigensinn	
Leberstörung (Fettleber), Leberentzündung, Leberzirrhose	Schnupfen, chronisch, Stockschnupfen
	Stirnhöhlenvereiterung
Lungenentzündung	Tumoren
Lymphknotenschwellung	Vergiftungen
Mandelentzündung	Zahnvereiterungen
	Zunge ist mit weißlich gelbem Schleim belegt

Auffälliger, starker Haarausfall beim Hund (meist büschelweise) zeigt einen Mangel an Kalium sulfuricum an. Das Haarkleid ist trocken, verändert frühzeitig seine Farbe und wird meist viel zu schnell grau. Die Haut zeigt eine nachlassende Pigmentierung, sie ist schuppig und klebrig. Es kommt, oftmals begleitet von Juckreiz, zu Hautausschlägen wie Pickeln oder Pusteln, die eitrig sind und unangenehm riechen. Der Hund neigt allgemein schnell zu allergischen Hautreaktionen. Die gleichen Symptome, etwa schuppiger Ausschlag, können auch an den Ohren auftreten, wobei die Absonderungen einen scharfen unangenehmen Geruch aufweisen. Eine vermehrte Ohrenschmalzproduktion kann zu Schwerhörigkeit führen.

Meist sind auch die Schleimhäute betroffen. Die Hunde neigen zu eitrigen, gelblichen bis ockerfarbenen Absonderungen wie Nasenausfluss oder zu tränenden, entzündlichen Augen.

Auch bei Alopezie (Haarausfall) hilft Nr. 6.

Da die Nr. 6 sehr stark am Eiweißstoffwechsel beteiligt ist, was auch die Knorpel- und Knochenstruktur einbezieht, kann der Hund außerdem rheumatische Beschwerden, Gelenkprobleme oder Lähmungserscheinungen (z. B. Dackellähmung) aufweisen. Manchmal neigen die Hunde auch zu Brechdurchfällen.

Typische psychische Merkmale (z. B. Berner Sennenhund, West Highland Terrier)
Der eher übergewichtige, stets hungrige Hund zeigt sich ungewöhnlich unsicher und ängstlich. Mit deutlichem Eigensinn will er ständig nach draußen (Sauerstoffbedarf) oder er sucht sich einen kühleren, geräumigen Ort, an dem er allerdings einen warmen Liegeplatz bevorzugt. Keinesfalls will er beengt liegen, möchte nicht mehr in sein Körbchen oder in die Transportkiste (Klaustrophobie). In einer solchen Situation kann der sonst friedliebende Vierbeiner aggressive und unberechenbare Verhaltensweisen zeigen.
Der faule, gefräßige Hund riecht ungewöhnlich stark, vor allem, wenn er schon längere Zeit undefinierbare, häufig mit Fieber verbundene Krankheitssymptome zeigt. Die Hunde, denen Schüßler-Salz Nr. 6 fehlt, sind häufig müde, träge und wenig an Bewegung interessiert.
Selbst junge Hunde zeigen frühzeitige Anzeichen von Alterung, die sich sowohl in geistiger Unbeweglichkeit und Unlust als auch in vermindertem Spieltrieb und wenig Bewegungsfreude äußern. Außerdem möchte ein Hund mit Mangel an Nr. 6 seine Ruhe. Er meidet daher eher Kontakt zu Artgenossen und liebt nicht unbedingt den Aufenthalt in einer Menschenmenge. Fühlt er sich durch einen Ansturm von Artgenossen oder durch übermäßige Zuneigungsbekundungen durch fremde Menschen (hier auch Kinder) in die Enge getrieben, kann er böse und aggressiv reagieren oder sich ganz ängstlich zurückziehen.

> **Info**
>
> Manchmal stellt man auch fest, dass der Hund sich immer mehr nach seinen ihm bekannten Artgenossen richtet, die ihm die „Richtung vorgeben". Er entwickelt also nach und nach eine Mitläufermentalität.

Nr. 7: Magnesium phosphoricum (D6)
Krampf- und Schmerzmittel

Magnesium phosphoricum, das Krampf- und Schmerzmittel, wirkt auch der Übersäuerung des Organismus entgegen. Magnesium beruhigt das vegetative Nervensystem und hat daher auf alle unwillkürlichen Tätigkeiten im Organismus wie Drüsenfunktion, Herz-Kreislauf-System, Verdauungsapparat und Stoffwechsel einen großen Einfluss. Durch das Mineral wird die Reizleitung zwischen Nerven und Muskeln gesteuert.

Anwendungsgebiete

Ein Mangel an Magnesium phosphoricum offenbart sich durch alle Arten von Krämpfen, Zuckungen, Kribbeln, Zittern und starken Juckreiz. Unruhe und deutliche Nervosität sowie Überreaktionen bis hin zur Hysterie zeigen sich. Magnesium phosphoricum beeinflusst den Rhythmus des Herzschlages, fördert die Verdauung und kann über die Drüsensteuerung den inneren Erregungszustand des Hundes beeinflussen. Ebenso fördert es den Tag-Nacht-Rhythmus des Hundes und damit auch einen angemessenen Schlaf.
Das Funktionsmittel Nr. 7 ist ein wichtiges Salz bei auftretenden Koliken (Windkoliken), Krämpfen, Blähungen und Schmerzen. Auch schmerzhaftes Harnverhalten oder heftige Schmerzen besonders beim Urinieren, begleitet von ängstlichen Schmerzlauten, zeigen einen Mangel an Nr. 7 an. Mangelsymptome sind ferner häufig auftretende schmerzende und entzündete Muskeln, Nerven und

> **Tipp**
>
> *Bei Verabreichung einer hohen Dosierung des Funktionsmittels löst man bis zu 20 Tabletten in warmem Wasser auf und gibt sie mithilfe einer Spritze (ohne Nadel) langsam ins Maul des Hundes.*

Das Salz Nr. 7 hilft, die Konzentration zu fördern.

Nr. 7: Magnesium phosphoricum (D6)

> **Tipp**
>
> Besonders gut einzusetzen ist das Salz Nr. 7 bei Hundeshows und Wettbewerben. Es beruhigt den Hund, nimmt ihm Unruhe, Unsicherheit und Spannung. Deshalb wird es auch als **„Lampenfieber-Salz"** bezeichnet.

Gelenke. Bei allen plötzlich auftretenden einschießenden, bohrenden, zerrenden und krampfartigen Schmerzen hat sich eine Hochdosierung bewährt. Auch bei starkem Hautjucken hilft Schüßler-Salz Nr. 7.

Typische psychische Merkmale (z. B. Jack Russell, Setter, Afghane)

Es sind die unruhigen, stets hechelnden und jaulenden, angespannten Hunde. Manchmal wirken sie völlig hysterisch, bellen oder jaulen in extrem schrillem Ton, drehen sich ständig um die eigene Achse, um sich in ihren Schwanz zu beißen. Sie können sich durch ihr hysterisches und überaktives Gebaren nur sehr schlecht konzentrieren, sind sehr ungern allein und lassen sich kaum bändi-

Nr. 7: Magnesium phosphoricum/Magnesiumphosphat – Einsatzgebiete von A–Z

Abwehrschwäche	Geschlechtstrieb vermehrt
Arterienverkalkung	Harnverhalten
Atemfrequenzerhöhung (anhaltendes Hecheln)	Heiserkeit (stundenlanges sinnloses Bellen)
Augenzucken	Hormonstörungen
Bandscheibenbeschwerden (Dackellähme)	Juckreiz (besonders gutes Mittel bei starkem Juckreiz)
Bartflechte	
Blähbauch, berührungsempfindlich	Knochenbruchneigung
Blähungen, schmerzhaft, krampfartig	Knochenwachstumsschmerzen und -störungen
Blasenkrampf	Koliken aller Art
Blutdruckschwankungen	Konzentrationsschwierigkeiten
Borreliose	Krämpfe aller Art
Brechdurchfall mit Schmerzen und Krämpfen	Kreislaufbeschwerden
Cholesterinspiegel ist erhöht	Lähmung (Schlaganfall, Dackellähme)
Darmträgheit	Lampenfieber
Durchfall direkt nach dem Fressen, wasserartig	Nervenschmerzen (Neuralgie)
Empfindung ist gestört, übermäßige Reaktionen	Niesen
Entzündungen der Muskeln, Gelenke, Nerven	Pupillenstarre
Epilepsie	Schilddrüsenfunktion anregend
Erregbarkeit ist stark erhöht	Schmerzen, heftige, krampfartige
Fieber mit Schüttelfrost	Wehenmittel
Fresssucht (vor allem nach Süßem)	Wirbelsäulenschmerzen
Geburtswehen, Schmerzen, Krämpfe	Zittern
Genitalblutungen, Genitalschwellungen	Zucken

gen. Vielfach zeigen die Hunde eine Neigung zur Selbstverstümmelung, belecken und beißen sich ständig in ihre Haut und in ihr Fell, bis es blutet. Sie kratzen sich fortwährend ohne erkennbaren Grund.

Diese Hunde sind stets hastige, ungeduldige und unmäßige Fresser, besonders gieren sie nach Süßem, hier vor allem nach der für Hunde nicht ungefährlichen Schokolade. Meist haben sie nach dem gierigen Fressen krampfartigen Schluckauf, Brechreiz und Durchfall oder starke Verstopfung. Sie sind eher mager, haben einen schlaffen Bauch und eine verhärtete Muskulatur und sie frieren leicht. Das Haarkleid ist zumeist dünn und kurz. Die Haut ist empfindlich und juckt, normalerweise ist sie aber nicht geschwollen und gerötet. Tierarztbesuche können zur Tortur werden, da die Hunde schon vorher jaulen und mit harmlosen Situationen völlig überfordert sind. Sie zittern und zappeln, benehmen sich hysterisch und können unter Umständen wild um sich beißen.

Die Hunde haben häufig Schlafprobleme. In ihrem sehr lebhaften Schlaf bellen sie und zeigen manchmal starke Laufbewegungen und Augenrollen.

Hunde mit Mangel an Nr. 7 sind sehr wehleidig, sie jaulen schon bei der kleinsten Berührung und reagieren völlig unvorbereitet mit extremer Angst und panischem Davonlaufen. Diese Hunde sind jetzt völlig kopflos und unberechenbar, sehen kein Auto, keine Straße, kein Hindernis.

Lampenfieber bei Prüfungen kann man mit der Nr. 7 reduzieren.

Nr. 8: Natrium chloratum (D6)
Wasserhaushaltsmittel

Schüßler-Salz Nr. 8, das Wasserhaushaltsmittel, kommt in allen Körperflüssigkeiten und Geweben vor und ist für die Regulation der Wasseraufnahme und -abgabe sowie für den Säure-Basen-Haushalt verantwortlich. Das Salz ist an der Bildung von vielen wichtigen Schleimoberflächen wie etwa der Magenschleimhaut beteiligt und es versorgt das Knorpelgewebe mit Flüssigkeit. Alle Schwellungen oder ein zu trockenes Milieu der Haut und der Schleimhäute werden damit biochemisch reguliert. Natrium chloratum wird auch als **Lebenssalz** bezeichnet. Da der Organismus eines Tieres bis zu 60 Prozent aus Wasser besteht, wird eine Menge an Natrium chloratum benötigt. Ohne dieses Salz kann keine Flüssigkeit in die Zelle aufgenommen werden und es kommt zur Wasseransammlung im zellumgebenden Gewebe (Ödeme). Die Wasserregulation durch Nr. 8 fungiert gleichzeitig als Säurepuffer und sorgt auf diese Weise für die Ernährung der Zelle. Auch für Magen und Darm stellt Natrium chloratum ein wichtiges Mittel dar, denn es unterstützt die Magensäurebildung, die die Nahrung für den Darm vorbereitet und damit die Verdauung beeinflusst.

Anwendungsgebiete

Ein Mangel an Magensäure kann beim Hund zu Magen- und Darmproblemen, etwa zu Magenschleimhautentzündung und Verstopfungen führen. Die Nahrung kann jetzt auch nicht mehr ausreichend verwertet werden. Der Hund hat häufig auffällig großen Durst und vermehrten Speichelfluss. Seine Körperstatur ist aber eher schlank bis mager mit schlaffer Muskulatur. Er verträgt kein Fett und reagiert schnell mit wässrigem Erbrechen und abwechselnd mit Durchfall und Verstopfung. Der After ist infolgedessen eingerissen und wund und der Hund leckt dort ständig. Sein Fell ist stumpf und glanzlos und zeigt oftmals kahle Stellen, die Haut ist oft fettig und unrein. Schuppige, krustige und nässende Ekzeme treten auf, Pilz- und Milbenbefall sind sehr häufig, vorwiegend an den Ohren. Auch Warzen und Geschwüre treten auf. Blasenschwäche mit Harntröpfeln oder Verweigerung des Harnlassens kommen gehäuft vor. Gegen diese Beschwerden lässt sich das Mittel Nr. 8 sinnvoll einsetzen.

Eine weitere wichtige Funktion von Natrium chloratum ist die Bindung von Giftstoffen, hier vor allem von metallischen Giften oder Insektengiften. Diese werden durch Nr. 8 gebunden und ausgeschieden. Interessant für den Wiederaufbau des Tieres nach Vergiftungen, auch nach schweren Krankheiten, ist die Kombination mit dem Schüßler-Salz Nr. 5. Diese beiden Salze befreien den Körper von Fäulnis- und Ermüdungsgiften und helfen damit dem Organismus des Hundes, sich schnell wieder zu erholen.

Auch am Knorpelaufbau und an der Erneuerung des Knorpelgewebes in den Gelenken ist Nr. 8 beteiligt, es ist zuständig für die intakte Gelenkschmiere. Bei Mangel an Nr. 8 zeigen sich folglich Symptome am Bewegungsapparat. Hunde leiden dann besonders an Schleimbeutel- und Sehnenscheidenentzündungen, Rücken- und Bandscheibenproblemen, Gelenkschwellungen und Knorpelschäden.

Bei Bänderschwäche, Verhärtungen, Vernarbungen und Verkürzungen ist das Funktionsmittel Nr. 8 ebenso angezeigt.

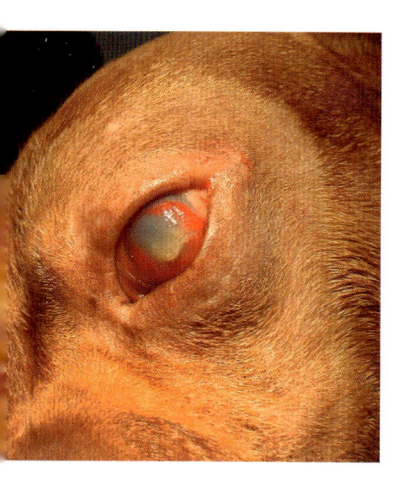

Veränderung der Linse mit Wassereinstrom – hier kann Gabe von Nr. 8 helfen, die tierärztliche Behandlung zu unterstützen.

Tipp

Ein Mangel an Nr. 8 Natrium chloratum zeigt sich an Problemen des Bewegungsapparates, ein besonders auffälliges Symptom ist das Knacken der Gelenke. Hier sagt man:
„Wenn's kracht, die Acht."

> **Info**
>
> **Natrium chloratum wirkt anders als Kochsalz!**
>
> Das Schüßler-Salz Nr. 8 ist feinstoffliches Kochsalz. Hunde sollten nur sehr wenig normales Kochsalz über die Nahrung zu sich nehmen. Wird zu viel davon aufgenommen, verspürt der Hund großen Durst und versucht durch das Trinken großer Wassermengen, das belastende Kochsalz im Körper zu verdünnen. Zu viel Kochsalz ist für den Hund giftig. Das biochemische Schüßler-Salz Nr. 8 jedoch kann seine positiven Eigenschaften im Organismus des Hundes voll entfalten, ohne diesem zu schaden.

Eine weiteres positives Zusammenwirken ergibt sich mit dem Salz Nr. 2 Calcium phosphoricum. Hierdurch wird die Bildung der Blutkörperchen angeregt und somit die Blutbildung unterstützt.

Typische psychische Merkmale (z. B. Englische Bulldogge, Chow-Chow, Dogge, Rhodesian Ridgeback)
Der Hund ist sehr personenbezogen, er trauert still, wenn die Bezugsperson nicht da ist. Er lässt sich von anderen selbst durch besondere Zuwendung und Belohnung kaum ablenken. Er lässt sich ungern anfassen und einengen (Klaustrophobie), hat wenig Ausdauer, ist unsicher und gibt schnell auf. Der mürrische, zaghafte Hund ist häufig schwer zu motivieren und erscheint meist müde, er kann aber durchaus mit Wutanfällen reagieren, wenn ihm etwas nicht passt.
Vor allem die läufige Hündin zeigt kurz vor Beginn der Läufigkeit deutliche Unzufriedenheit, sie ist schnell gereizt bis hin zu aggressiven Verhaltensweisen. Nach Ende der Läufigkeit wirkt sie dagegen fast depressiv. Oftmals kommt es zu einer Scheinträchtigkeit, während einer regulären Trächtigkeit sind Schwächezustände häufig zu beobachten.
Die Welpen mit Mangel an Nr. 8 erscheinen ungeschickt und unbeholfen und liegen in ihrer körperlichen und geistigen Entwicklung gegenüber anderen Jungtieren meist zurück.

Ein leichter Entwicklungsrückstand kann gut mit Natrium chloratum behandelt werden.

Nr. 8: Natrium chloratum/Natriumchlorid – Einsatzgebiete von A–Z

Afterbrennen, Afterjucken („Schlittenfahren" des Hundes), Afterfissuren
Allergie (Fließschnupfen, starker Tränenfluss)
Anämie
Appetit, wenig, oder Heißhunger mit schnellem Sättigungsgefühl
Arteriosklerose
Arthritis, Arthrose
Asthma
Augentrockenheit
Ausscheidung von Fäulnisgiften und anderen Giftstoffen
Ausschlag mit Bläschenbildung
Austrocknung, Faltenbildung, Elastizitätsverlust der Haut
Bänderschwäche
Bandscheibenprobleme
Bindehautentzündung
Blähungen
Blasenentzündung mit starkem Harndrang
Blutarmut
Darmkoliken, Darmpilz
Durchfall, wie Wasser, mit Afterbrennen
Durst, übermäßiger
Ekzeme, eitrig, nässend, krustig, schuppig, vor allem im Rückenbereich
Ekzeme in der Ohrmuschel (können auch trocken, schuppig sein)
Entgiftung
Erbrechen (Unverträglichkeit von Milch und Fett)
Ernährungsfehler (Fertigfutter, Dosenfutter)
Fell ist stumpf, trocken oder fettig, glanzlos
Fettunverträglichkeit
Flechten in den Gelenkbeugen
Fließschnupfen
Gelenkgeräusche (knackende Gelenke), Gelenkrheuma, Gelenkschwellung
Geschlechtstrieb vermehrt
Geschwüre an den Hinterläufen
Gliederzucken
Gliedmaßen meist schwammig
Haarausfall, vor allem im Rückenbereich, büschelweise, Haare sind brüchig
Halsentzündung mit Heiserkeit beim Bellen
Haut, trocken oder fettig und unrein, Hautbläschen mit wässrigem, hellem Inhalt, Hauteinrisse, Hautschrunden
Husten mit dickflüssigem bis zähem, hellem Schleim
Insektenstiche
Juckreiz
Kälteempfindlichkeit
Klaustrophobie
Knorpelschäden
Kochsalzhunger (Gier nach Salzigem)
Koliken
Lefzenschwellung, Einrisse
Lidzuckungen, Lidschwellung
Magengeschwür
Maulwinkeleinrisse
Milchmangel während der Trächtigkeit
Milchüberschuss (Milchfluss bei Scheinschwangerschaft)
Müdigkeit
Muskelschwäche, Muskelschwund, Muskelzucken
Nägel, trocken, spröde, brüchig
Nesselsucht (Urtikaria)
Nierenentzündung
Ödeme (Wasseransammlungen im Gewebe)
Ohrgeschwüre, Ohrmilben

Nr. 8: Natrium chloratum/Natriumchlorid – Einsatzgebiete von A–Z (Fortsetzung)	
Pfotenballen rissig, trocken, empfindlich	Sonnenstich
Pilzbefall	Speichelfluss, stark vermehrt
Prellungen	Übelkeit und Unbehagen nach dem Fressen
Quetschungen	Verbrennungen
Reizbarkeit	Völlegefühl
Rückenschmerz	Warzen
Schläfrigkeit (nach dem Fressen)	Wasseransammlung im Gewebe (Ödeme)
Schleimbeutelentzündung	Wirbelsäulenschmerzen und -probleme
Schleimhäute sind trocken	Wunden, Wundliegen
Schlottergelenke	Zysten
Sehnenscheidenentzündung oder -verhärtung	

Nr. 9: Natrium phosphoricum (D6)
Entsäuerungsmittel

Die Funktion dieses Salzes besteht vorwiegend in der Regulierung des Säurehaushaltes im Körper. Daher wird es auch als „Entsäuerungsmittel" bezeichnet. In Blut- und Gewebeflüssigkeit, in den Gehirn-, Blut-, Muskel- und Nervenzellen hilft es Säuren abzubauen und Fettsäuren zu binden. Es unterstützt den Kohlenhydratstoffwechsel und ist am Abbau von Eiweißen im Körper beteiligt. Hierdurch wird der pH-Wert des Blutes konstant gehalten. Für Dr. Schüßler war die Nr. 9 ein **wichtiges Lymphmittel**.

Anwendungsgebiete
Säureüberschuss kann zur Lymphdrüsenschwellung führen, was durch die Gabe von Natrium phosphoricum verhindert werden kann. Auch der Säureablagerung an den Gelenken wird mit dem Schüßler-Salz Nr. 9 entgegengewirkt. Das Funktionsmittel sollte bei allen rheumatischen Erkrankungen des Hundes eingesetzt werden. Bei Mangel an Natrium phosphoricum kommt es zu einer verstärkten Ausscheidung von Schlackenstoffen über die Haut, Lunge und Niere. Typisch ist dabei ein saurer Geruch des Hundes. Die Haut ist gereizt, neigt zu verstopften Talgdrüsen und ölig fettigen Schuppen. Das Haarkleid ist trocken und stumpf oder ebenfalls fettig und schuppig, das Bindegewebe wird schwach. Vor allem wenn der Hund nass ist, riecht er sehr unangenehm.

Hunderassen, die zu Übergewicht neigen, kann man gut mit Natrium phosphoricum behandeln.

Die Übersäuerung überfordert Magen und Darmtrakt. Es entsteht ein saurer Mundgeruch und die Gärungsvorgänge im Darm führen zu einer Veränderung im Darmmilieu – ein idealer Nährboden für Pilze und Parasiten (Würmer).

Ist der Säure-Basen-Haushalt gestört und fällt zu viel Säure an, so riechen alle Absonderungen des Hundes säuerlich, sie sind meist gelblich gefärbt und häufig von rahmartiger Konsistenz. Die Hunde reagieren mit sauer riechendem Erbrechen und säuerlich wässrigem Durchfall. Auch vermehrt säuerliche Winde können abgehen. Der After ist durch die Säureausscheidung sehr wund und der Hund ist infektionsanfällig. Die Lymphdrüsen sind deutlich geschwollen. Morgens machen sich alle Symptome stärker bemerkbar und sie werden durch Hitze sowie während des Fressens und danach noch verschlimmert.

Die Übersäuerung des Organismus führt auch zu Problemen der Gelenke, zu Gelenkrheumatismus mit Schwellungen, deutlichen Sehnenbelastungen, Gicht und Knochenbruchneigung. Der Hund hat allgemein einen verminderten Geschlechtstrieb, bei Hündinnen zeigt sich eine verstärkte Neigung zu Mastitis (Brustentzündungen), bei Rüden eine Vergrößerung der Prostata.

Typische psychische Merkmale (z. B. Cockerspaniel, Mops, Leonberger)

Er ist der ewige Vielfraß, rundlich und übergewichtig, der auch nach einer Mahlzeit noch nach Nahrung stöbern kann. Draußen hält er ebenfalls nach allem Fressbaren Ausschau, wobei er auch Abfälle und Fäkalien nicht ablehnt. Bei Reduzierung der Nahrung nimmt der Hund dennoch nur wenig ab. Seine Stimmung wechselt, mal ist er überaktiv und dann wieder sichtbar matt und müde. Vor allem nachts und in Dunkelheit ist er ängstlich und unsicher. Er ist willensstark, fast stur und dickköpfig, will mit allen Tricks seinen Willen durchsetzen und ist schnell beleidigt. Man kann ihn fast als „dicke, beleidigte Leberwurst" bezeichnen. Mitunter führt sein Starrsinn zu aggressiven Verhaltensweisen.

> ## *Tipp*
> *Bei allen überfütterten Hunden oder solchen, die ständig zu viel und immer fett- und kohlenhydratreiches Fertigfutter erhalten, sollte die Nr. 9 gegen die Übersäuerung des Körpers zum Einsatz kommen.*

Nr. 9: Natrium phosphoricum/Natriumphosphat – Einsatzgebiete von A–Z

Absonderungen gelblich rahmartig
Abwehrschwäche
Appetit auf alles
Arteriosklerose
Aufstoßen nach fettreicher Nahrung
Augenbindehautentzündung
Augenlidentzündung mit klebriger Absonderung
Ausschlag, meist fettig, schuppig
Bindegewebsschwäche
Blasensteine, Nierensteine
Bluthochdruck, Blutzucker
Bronchitis mit gelblich dickem, rahmigem Auswurf
Cholesterin ist erhöht
Darmpilz
Diabetes mellitus (Blutzucker)
Durchfall, sauer riechend, schaumig
Eitrige Prozesse
Entzündungen, schlecht heilend
Erbrechen, sauer, rahmartig, morgens oder nach dem Fressen
Fell ist stumpf, glanzlos, fettig oder trocken
Fetterhöhung im Blut, Fettstoffwechselstörung, Fettleibigkeit
Gelenkrheumatismus, Gelenkschwellung
Geruch säuerlich
Gesäugeentzündung
Geschlechtstrieb vermindert
Haarbalgentzündungen, eitrige, rahmartige Ausscheidung
Halsentzündungen, Mandelentzündungen
Haut, fettig glänzend, verstopfte Talgdüsen, unrein, ölige Schuppen, Hautjucken
Knochenbruchneigung
Koliken, saure Blähungen
Lähmungserscheinungen
Lymphdrüsenschwellung
Magengeschwüre, Magenübersäuerung
Müdigkeit, Mattigkeit
Mundgeruch, säuerlich
Mundschleimhautentzündung
Muskelkater
Nervenwurzelreizung
Nesselsucht (Urtikaria)
Nierenentzündung, Nierensteine
Ohrenentzündungen, eitriger, gelblich rahmartiger Ausfluss, Ohrenschmalzbildung ist verstärkt, riecht säuerlich, Ohrjucken
Prostatavergrößerung
Pustelbildung und Pickelbildung auf der Haut, eitrig
Schilddrüsenunterfunktion
Schleimhäute sind blass
Schwäche
Sehnenscheidenentzündung bei Überlastung
Spulwürmer
Verbrennungen
Verdauung, zur Förderung
Verstopfung, chronisch
Wunden, offen und schlecht heilend
Würmer
Zahndefekte, Zahnfleischentzündungen

Nr. 10: Natrium sulfuricum (D6)
Entgiftungs- und Ausscheidungsmittel

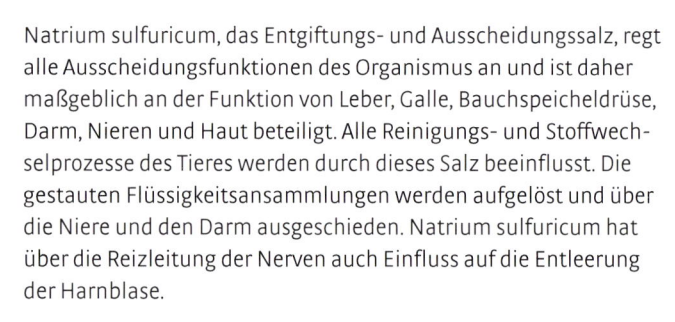

Natrium sulfuricum, das Entgiftungs- und Ausscheidungssalz, regt alle Ausscheidungsfunktionen des Organismus an und ist daher maßgeblich an der Funktion von Leber, Galle, Bauchspeicheldrüse, Darm, Nieren und Haut beteiligt. Alle Reinigungs- und Stoffwechselprozesse des Tieres werden durch dieses Salz beeinflusst. Die gestauten Flüssigkeitsansammlungen werden aufgelöst und über die Niere und den Darm ausgeschieden. Natrium sulfuricum hat über die Reizleitung der Nerven auch Einfluss auf die Entleerung der Harnblase.

Anwendungsgebiete
Ein Mangel an Natrium sulfuricum kann zu unwillkürlichem und häufigem Urinieren, aber auch zu Harnverhalten beim Hund führen. Ähnlich ist die Auswirkung dieses Salzes auf die Galle, hier fördert das Funktionsmittel Nr. 10 die Ausscheidung, es unterstützt die Leber- und Bauchspeicheldrüsentätigkeit und somit die Verdauung. Bei einem Mangel zeigt sich stinkender Durchfall am Morgen, der mit Verstopfung und Blähungen abwechselt. Des Öfteren kommt es zu Erbrechen, das Erbrochene ist von gallig gelblicher, bitter riechender Konsistenz. Häufig besteht auch eine Magenschleimhautentzündung. Der Hund ist am Bauch und in der Lebergegend sehr berührungsempfindlich.

Schüßler-Salz Nr. 10 unterstützt die Insulinproduktion der Bauchspeicheldrüse und nimmt dadurch Einfluss auf den Zuckerstoffwechsel. Hunde mit Diabetes mellitus (Blutzucker) sollten unbedingt auch Schüßler-Salz Nr. 10 erhalten.

Bei entzündlichen Veränderungen im Organismus des Hundes kann es zu einem Flüssigkeitsverlust in den Geweben und zu einer übermäßigen Ansammlung von Flüssigkeit im Blut kommen und damit zu einer Unterversorgung des Gewebes mit Nährstoffen. Eine Folge dieser Unterversorgung ist, dass sich die Gefäße, Muskeln und Nerven massiv zusammenziehen, um der vermeintlichen Wasseransammlung entgegenzuwirken. Hier entsteht dann der sogenannte Schüttelfrost, der durch die Gabe von Nr. 10 gemildert wird. Auch Gelenkschwellungen und meist teigiges, mit Wasser angefülltes Unterhautgewebe sowie Lymphdrüsenschwellungen sind zu beobachten. Die Entgiftung über die Haut äußert sich durch Geschwürbildung mit schlechter Heilungstendenz. Bei einer Blasen-

Sind die inneren Organe gesund, zeigt sich das auch im Äußeren durch glänzendes Fell und kräftige Muskeln.

Tipp
Hunde nehmen zur Unterstützung von Galle und Leber gern Bitterstoffe in Form von Kräutern zu sich. So ist das Fressen von Löwenzahn ein untrügliches Zeichen für den Mangel an Natrium sulfuricum.

Nieren-Entzündung kommt es zu gelblich schleimigen Eiterabsonderungen mit Harnverhalten und kolikartigen Schmerzen.

Typische psychische Merkmale (Retriever, Bernhardiner, Basset, Sennenhund, Mastiff, Leonberger)
Es handelt sich um einen eher schwachen, oft dicklichen und berührungsempfindlichen Hund, bei deutlicher Leberbelastung ist der Hund eher zart oder schlank. In seinem Wesen ist er mit einem Choleriker zu vergleichen. Er ist schwerfällig, gleichgültig und müde. Er hat kaum Ausdauer, ist schnell ausgepowert und zeigt wenig Willen mitzuarbeiten. Der Hund erscheint also als ein eher gutmütiger Vertreter, kann aber unvermittelt cholerisch reagieren und von einer Sekunde auf die andere explodieren, wobei er unter Umständen ungeahnte Reaktionen zeigt.

Vor allem alte Hunde mit schwerfälligen Knochen, Schwellungen der Gelenke und Problemen der Nieren (mit Harninkontinenz) zeigen diese psychischen Auffälligkeiten. Oft sind die Hunde auch nervenschwach, impulsiv oder nervös-ängstlich. Bei Überlastung reagieren sie mit nervösem Erbrechen, Durchfall oder häufigem Harnlassen. Aufregungen „schlagen ihnen auf die Leber". Der Hund zittert, zieht sich zurück, verkriecht sich und erscheint fast depressiv. Er hat große Angst bei Gewitter! Die Hunde altern schnell und geben sich aus Mangel an Lebenswillen bei schweren Erkrankungen schnell auf.

Zu beachten

Hunde mit einem Mangel an Nr. 10 Natrium sulfuricum erscheinen oft gutmütig, können aber ganz plötzlich cholerisch reagieren.

Wenn die Hunde oft engen Kontakt zu Kindern haben, müssen sie verträglich und berechenbar sein.

Nr. 10: Natrium sulfuricum (D6)

Nr. 10: Natrium sulfuricum/Natriumsulfat – Einsatzgebiete von A–Z

- Absonderungen, Ausschlag, grünlich gelblich, scharf riechend
- Abszess
- Abwehrschwäche
- Appetit, Verlangen nach Bitterstoffen (Löwenzahn, Kräutern)
- Asthma, gelb grünlicher Auswurf, rasselnde Geräusche
- Atemnot, vor allem bei nassem, feuchtkaltem Wetter
- Augenbindehautentzündung, Augeninnendruckerhöhung, Augenschwellung
- Ausschlag, nässend, gelblich grünliche Absonderung vorwiegend an den Hinterläufen
- Bandwurmbefall
- Bauchschmerzen, Krämpfe
- Bauchspeicheldrüsenproblematik, -entzündung
- Berührungsempfindlichkeit (rechter Oberbauch, Lebergegend)
- Blähungen, scharf riechend
- Blasenentzündung, gelblich grünlicher Harn
- Blutzucker
- Brechdurchfall
- Bronchitis
- Darmgeräusche, stark, Darmparasiten
- Diabetes mellitus (Blutzucker)
- Durchblutungsstörungen
- Durchfall, abwechselnd mit Verstopfung, Durchfall gallig, gelblich hell, wasserartig, gussartig
- Entzündungen mit Fieber und Schüttelfrost
- Erbrechen von gelblich heller Flüssigkeit
- Erfrierungen
- Fieber, Schüttelfrost
- Gallenbeschwerden, Gallenstau, Gallengrieß
- Gelenkschwellungen, Gelenkschmerzen
- Geschwüre, nässend
- Gewebeschwellung
- Harninkontinenz (unkontrollierter Harnabgang), Harnsteine, Harnträufeln, Harnverhalten
- Hautausschlag, Hautknötchen, warzenähnlich, Hautpilz
- Herpes
- Husten, schleimig, gelb grünlich, zäh bis locker
- Juckreiz, vor allem abends, meist an den Pfoten
- Kälteempfindlichkeit
- Leberentzündung, Leberzirrhose, Leberschwellung, Schmerzen in der Lebergegend
- Lungenödem
- Nierenentzündung, Nierenkolik
- Ödeme
- Ohrenschmalzproduktion ist verstärkt, Hund schüttelt sich und kratzt sich an den Ohren
- Schleimbeutelentzündung
- Schüttelfrost
- Sonnenstich
- Stoffwechselstörung
- Stuhlverstopfung
- Vergiftungen durch Medikamente
- Warzen
- Wasseransammlungen im Gewebe
- Wetterfühligkeit
- Würmer
- Zittern

Nr. 11: Silicea (D12)
Verjüngungsmittel

Silicea, besser bekannt als Kieselsäure, ist eines der ältesten Heilmittel und ein wichtiger Bestandteil aller Organe und Gewebe. Salz Nr. 11 ist an der Bildung von Kollagen beteiligt, das zur Entwicklung und Stabilisierung von Knochen, Knorpel, Sehnen und Bindegewebe benötigt wird. Somit kommt ihm eine große Bedeutung für die Entwicklung der Zähne, Knochen und der Knorpelfestigkeit zu, es sorgt aber auch für ein schönes Fell, feste Haut und festes Bindegewebe sowie für kräftige, elastische Krallen des Tieres. Außerdem unterstützt Silicea die Neutralisierung und Ausscheidung von Gift- und Belastungsstoffen.

Anwendungsgebiete

Bei einem Mangel an Silicea kommt es zum Elastizitäts- und Festigkeitsverlust des Bindegewebes sowie der Sehnen und Knochen. Es zeigen sich häufig Schleimbeutelentzündungen, Sehnenentzündungen, Bänderschwäche und instabile Knochen. Auch bei der Knochenentwicklung macht sich eine Unterversorgung mit Silicea bemerkbar: Hüftdysplasie (HD beim Schäferhund) ist eine typische Folge, aber auch Wirbelsäulenerkrankungen wie beispielsweise

> **Info**
>
> *Silicea wird meist über einen längeren Zeitraum hinweg verabreicht. Es beugt vorzeitiger Alterung und beim älteren Hund einer Einschränkung der Hörfähigkeit vor.*

Für den alternden Hund ist Silicea das wichtigste Schüßler-Salz.

Dackellähme, Knorpelschäden (geschwollene Gelenke durch Störungen bei knorpelbildenden Prozessen [Kallusbildungsstörung] bei großen, schnell wachsenden Hunden), Arthrose, Arthritis, Osteoporose sowie Bänderdehnung mit Wirbel- und Gelenkverschiebung können entstehen. Die Heilung von Verletzungen, Verbrennungen und offenen Wunden ist verzögert.

Das Salz sorgt für die Bindung von Giftstoffen bei Übersäuerung und unterstützt damit die Heilungsprozesse. Für die Neutralisation des Säureüberschusses im Gewebe wird viel Silicea benötigt. Ein Mangel zeigt sich in brüchigen, trockenen, sich spaltenden Haaren sowie durch Haarausfall. Das Fell ist struppig, das Haarwachstum verzögert, die Krallen sind deformiert und instabil.

Die Haut wird durch Silicea in ihrer Fähigkeit, Belastungsstoffe auszuscheiden, unterstützt. Fehlt Silicea, zeigen sich vermehrt Ekzeme, Abszesse und Eiterungen. Der Eiter wird durch Schüßler-Salz Nr. 11 über die Lymphe abgebaut und ausgeleitet. Der Mangel zeigt sich beim Hund insbesondere durch häufig wiederkehrende Analdrüsenentzündungen mit dünnem Inhalt, durch Ekzeme und Abszesse am Afterbereich und Fistelung („Schlittenfahren" des Hundes, hier in schmerzhafter Form). Besteht bei Hunden ein noch nicht reifer Abszess, kann Nr. 11 den Eiterabfluss fördern. Deutlich wird der Mangel an Silicea durch starken Juckreiz der Haut. Sie ist faltig, fein, dünn und meist hell pigmentiert. Das Bindegewebe ist schwach.

Auch im Nervensystem übernimmt Silicea die Aufgabe der Säureneutralisation, sodass eine Nervenimpulsübertragung uneingeschränkt ablaufen kann. Geräuschempfindlichkeit, Schreckhaftigkeit und Lichtempfindlichkeit sind prägnante Zeichen eines Mangels an Nr. 11.

Typische psychische Merkmale (z. B. Yorkshireterrier, Chihuahua, Nackthunde)

Der Hund ist in vielen Fällen in seinem Wachstum zurückgeblieben und von eher zartem Körperbau. Er reagiert überempfindlich und besonders schreckhaft auf Geräusche und grelles Licht. Regelrechte Angst und Panik bekommt er bei Gewitter mit Blitz und Donner (Licht- und Geräuschempfindlichkeit). Er ist scheu, wenig belastbar, rasch erschöpft und zittert ständig. Außerdem friert der Hund leicht und man ist geneigt ihn zuzudecken und zu wärmen. Häufig zeigen die Hunde ein äußerst wählerisches Verhalten und nehmen nicht jedes Futter an. Trotz Futteraufnahme legen sie nur wenig an

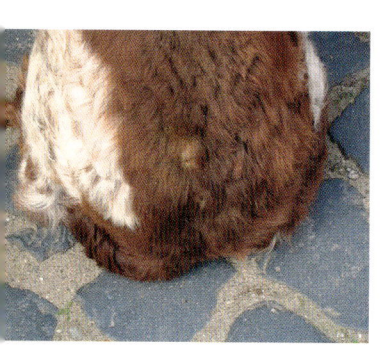

Haarausfall (Alopezie) und andere Alterserscheinungen sprechen gut auf Silicea an.

Gewicht zu. Sie wollen nicht im Regen ausgeführt werden und legen überhaupt ein Benehmen wie eine Diva an den Tag, indem sie beispielsweise bevorzugt auf dem schönsten Sofa oder gar dem Ehebett liegen möchten. Sie springen gern auf den Schoß und fühlen sich eng angeschmiegt an ihren Besitzer besonders wohl. Der Hund kann aber auch eigensinnig und starrköpfig sein, gepaart mit einem empfindsamen Charakter und minimalem Selbstvertrauen. Er ist äußerst schmerzempfindlich und kann zornig und aggressiv reagieren. Stresssituationen machen den Hund noch nervöser und führen zu sinnlosem Belecken des Fells oder der Pfoten oder auch dazu, dass er sich im Versuch, sich in den eigenen Schwanz zu beißen, um die eigene Achse dreht. Diese Hunde haben auch meistens starken Durst, vor allem lieben sie kaltes Wasser und kalte Milch oder sie fressen Schnee. Hierauf reagieren sie dann mit heftigem Durchfall.

Nr. 11: Silicea/Kieselsäure – Einsatzgebiete von A–Z

Absonderungen, eitrig, übel riechend, scharfer Geruch	Brustknoten
	Cholesterin erhöht
Abszesse, auch nicht reife	Dackellähme
Afterekzeme und -fisteln	Darmgeräusche
Alterung, vorzeitige	Drüsenschwellung und -entzündung, Drüsen sind hart, aber schmerzlos
Analdrüsenabszesse, schmerzhaftes „Schlittenfahren", Analbeutelentzündung	
	Durchblutungsstörungen
Appetitlosigkeit abwechselnd mit Heißhunger	Durchfall nach kaltem Wasser oder Schneefressen
Arteriosklerose	
Arthritis, Arthrose	Durst, übermäßiger
Atrophie (Muskelschwund)	Eiterfistel, Eiterfluss, Eiterungen
Augenentzündung, gelblich schleimige Absonderung, Augenlidzucken	Ekzeme am Hoden der Rüden, nässend, mit Juckreiz
Ausschlag mit Bläschen	Epileptische Anfälle
Bindegewebsschwäche	Erbrechen, vor allem nach dem Trinken von kaltem Wasser
Bindehautentzündung	
Blähbauch	Faltenbildung
Blasenentzündung chronisch	Fistel
Blutergüsse	Fremdkörper – Nr. 11 hilft, diesen auszuscheiden
Blutfette erhöht	Furunkel
Bronchitis	Gebärmuttersenkung

Nr. 11: Silicea/Kieselsäure – Einsatzgebiete von A–Z (Fortsetzung)

- Gelenkschmerzen und -schwellungen
- Geräuschempfindlichkeit
- Geschlechtstrieb vermehrt
- Gliederzucken und -zittern
- Haarausfall, Haare sind brüchig, spalten sich,
- Haarkleid ist dünn, fein, oft eher hellfarbig
- Harngrieß, Harnsteine, Harnverhalten, Harninkontinenz
- Haut ist faltig, trocken, durchscheinend, hell pigmentiert
- Hautentzündung, eitrig, rot, knollige Flecken
- Hautjucken
- Hodenprobleme
- Hüftgelenkdysplasie (HD, nicht nur beim Schäferhund)
- Kallusbildung (= knorpel- und knochenbildender Prozess) verzögert
- Karbunkel
- Karies
- Knochen- und Wirbelsäulenschmerzen (Dackellähme), Knochenbruchneigung, Knochenhautentzündung, Knochenwachstumsstörungen, Deformation der Knochen bei Jungtieren
- Knorpelschäden
- Krallen sind brüchig, deformiert, oft eitrig entzündet
- Lahmheit, Lähmungserscheinung der Hinterläufe
- Lärmempfindlichkeit
- Leberabszess
- Lichtempfindlichkeit
- Lungenentzündung
- Mandelentzündung
- Mastitis, eitrig, verhärtet
- Milchunverträglichkeit, besonders bei Welpen
- Muskelschwäche, Muskelerschlaffung, Muskelschwund, meist vom Rücken ausgehend, Muskelzuckungen
- Narbenbildung verstärkt, Wucherungen, Verhärtungen, Narbenbruch
- Nervenschwäche
- Neuralgien
- Niereneiterung
- Ohrfluss, meist übel riechend, Ohrfurunkel
- Osteoporose
- Prostataentzündung
- Rheumatische Beschwerden
- Scheidenvorfall
- Schilddrüsenunterfunktion
- Schleimbeutelentzündung
- Schreckhaftigkeit
- Schwerhörigkeit
- Sehnenscheidenentzündung
- Steifheit
- Stuhlgang nur unter großer Anstrengung möglich
- Tumorneigung
- Überempfindlichkeit bei Berührung
- Überlastungsschwäche
- Vaginalausfluss
- Verletzungen, Verbrennungen
- Wirbelsäulenschwäche (Dackellähme)
- Wucherungen
- Wunden, offene, Stichwunden
- Zahnfleischentzündung und -abszess
- Zuckungen im Schlaf
- Zystenbildung

Nr. 12: Calcium sulfuricum (D6)
Reinigungsmittel und „Salzjoker"

Calcium sulfuricum fördert die Ausscheidung von eitrigen Sekreten und die Regeneration. Vor allem bei eitrigen Hautprozessen ist es als Alleinmittel oder als sogenannter „Joker", also als zusätzlicher Unterstützer im Zusammenspiel mit anderen Salzen (etwa mit Silicea) hervorragend geeignet. Bei eitrigen Prozessen sollte Nr. 12 allerdings nur dann zum Einsatz kommen, wenn es eine Abflussmöglichkeit für das Sekret gibt. So sollte der Hund bei einem offenen eitrigen Abszess die Nr. 12 erhalten, während man die Nr. 11 einsetzen kann, wenn der Abszess noch nicht reif ist.

Anwendungsgebiete

Grundsätzlich kann Calcium sulfuricum bei chronisch entzündlichen Prozessen aller Art eingesetzt werden, aber auch dann, wenn diese nicht mehr ganz frisch sind. Nr. 12 entfaltet seine Wirkung vorwiegend dort, wo es um das Aus- oder Eintreten von Flüssigkeit geht, es fungiert als Schutz vor einem Eindringen von Flüssigkeit oder als Anregung zur Ausscheidung. Bewährt hat sich deshalb der Einsatz von Nr. 12 bei eitrigen Prozessen am Auge, der Schleimhäute von Atemwegen, Magen und Darmtrakt, wie auch der Harnwege und Geschlechtsorgane. Calcium sulfuricum unterstützt außerdem die Bildung und den Erhalt der Keimzelle. Somit ist auch bei Unfruchtbarkeit einer Hündin die Zufuhr von Nr. 12 sinnvoll.

Eine wichtige Funktion erfüllt Calcium sulfuricum bei der Blutgerinnung. Es hilft beim Abbau der abgestorbenen roten Blutkörperchen und sorgt dafür, dass innere und äußere Blutungen gestillt werden. Hunde mit einem Mangel an Calcium sulfuricum zeigen eine starke Neigung zu eitrigen Reaktionen. Die Haut zeigt klebrige, Schorf bildende und stinkende, mit dickem, gelblichem bis grünlichem Eiter behaftete Ausschläge. Vor allem nach Impfungen lassen sich vermehrt eitrige Hautreaktionen beobachten, auch an der Einstichstelle. Wunden heilen grundsätzlich eher schlecht.

Häufig kommt es bei den Hunden zu Knochenvereiterungen mit nachfolgenden Deformationen der Knochen. Auch begleitende Gelenkentzündungen können zu Deformationen führen, vor allem beim jungen Hund. Rheumatische Zeichen wie Schmerzen, Steifheit und Bewegungseinschränkungen können hinzukommen. Ein Mangel an Nr. 12 zeigt sich auch durch Entzündungen der Krallen, hier vorwiegend am Krallenbett, ebenso an Verhärtungen der Drü-

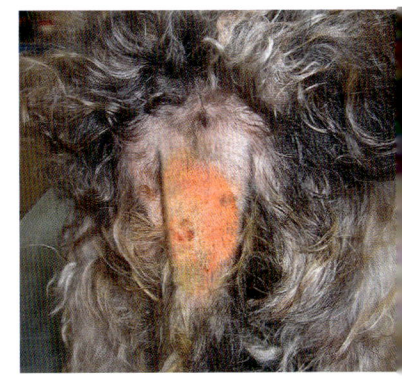

Bei allen eitrigen Prozessen – wie hier die Veränderungen der Violschen Drüse – hilft Nr. 12.

Nr. 12 ist in Kombination mit Nr. 11 ein hervorragendes Mittel zur Festigung und Stabilisierung des Stütz- und Bindegewebsapparates beim Hund.

sen, Entzündungen im Mundraum und an den Zähnen mit faulig stinkendem Mundgeruch und Zahnfleischbluten. Weitere Mangelsymptome sind Magenprobleme bis hin zu Magengeschwüren und Leberfunktionsstörungen mit schleimigem und stinkendem Kot sowie Durchfall, vor allem nach der Aufnahme fetter Nahrung. Vielfach finden sich auch Afterfisteln oder Aftergeschwüre mit gelblichem Eiter. Lungen und Bronchien sind empfindlich und bei Entzündungen zeigen die Hunde grünlich gelben Auswurf mit hartnäckigem, festsitzendem Husten. Die Augen sind entzündet, vorwiegend die Bindehaut, und die Hunde haben oft zusätzlich eitrige Ohrenentzündungen, die bis zur Schwerhörigkeit und Taubheit führen können. Entzündungen der Geschlechtsorgane können Unfruchtbarkeit bewirken.

Typische psychische Merkmale (Nackthund, Yorkshireterrier, Collie, Bostonterrier, Australian Shepherd)
Die betroffenen Hunde zeigen eine deutliche Angstreaktion auf psychischen Druck (Selbstverstümmelung, Unarten). Sie verlangen nach Aufmerksamkeit und leiden oft unter großen Verlassensängsten (Zerstörungswut). Sie sind launisch, reizbar und misstrauisch. Nächtliche Ruhestörung ist bei diesem Hund häufig. Er jault und bellt in der Nacht ohne ersichtlichen Grund, quält so lange, bis man ihm Aufmerksamkeit schenkt, und will nicht allein schlafen. Meist zeigt er tagsüber Hyperaktivität, die ihn aber schon nach kurzer Zeit überfordert und ermüdet und ihn dazu zwingt, sich zurückzuziehen. Der Hund findet selbst im Schlaf kaum Ruhe, er träumt aktiv mit Zuckungen und körperlicher Unruhe (Albträume).

Info

Das immer hungrige Tier bevorzugt vor allem zuckerhaltige Belohnung, während es seine normale Fleischkost nur zögerlich zu sich nimmt.

Nr. 12: Calcium sulfuricum/Kalziumsulfat – Einsatzgebiete von A–Z (Fortsetzung)

Absonderungen, dick und eitrig, können abfließen, übel riechend, gelb bis grünlich
Abszesse, die offen sind
Afterfisteln, Aftergeschwüre
Appetit gut, lehnt aber Fett und Milch ab, giert nach Süßem
Augenbindehautentzündung, eitrig, Augengeschwüre
Ausschläge, gelblich bis grünliche Krusten, klebrigen Schorf bildend, unangenehmer Geruch
Bindegewebseiterungen
Bläschenbildung der Haut mit eitrigem Inhalt
Blasenentzündung, chronisch
Blutgerinnungsstörung
Bronchitis, eitriger gelblich grüner Auswurf
Darmentzündungen
Drüsenverhärtung
Durchfall, chronisch
Eierstockentzündungen, -abszess
Eiterungen bei offenen Wunden, Hautverletzungen
Entgiftung
Entzündungen, alle chronischen und eitrigen
Fisteln
Flechten, klebrig, krustig
Gebärmutterentzündungen, chronisch, Unfruchtbarkeit
Gelenkentzündungen mit Deformationen
Hautpigmentierung, stark im Alter
Husten mit eitrigem, gelblich grüner Auswurf
Knochen- und Gelenkdeformationen nach Knochenhaut- und Gelenkentzündungen,
Knochenanomalie, Knocheneiterungen, Knochenwachstumsstörungen
Knorpeldefekte
Leberfunktionsstörungen
Magenschleimhautentzündung und Geschwüre
Mandelentzündung, chronisch
Mastitis, eitrig
Muskelschmerzen durch Gelenkproblematik
Nasenschleimhautentzündung mit gelblich grünen Krusten an der Nase
Nierenentzündungen mit eitrigem Urin
Ohrentzündungen mit übel riechendem, gelblich grünem, zähem Ausfluss
Osteoporose
Prostataentzündung, eitrig
Rheumatische Beschwerden,
Schlaflosigkeit
Schnupfen, gelblich grün, stinkend
Schwerhörigkeit infolge chronischer Entzündung
Steifheit
Sterilität
Taubheit
Unfruchtbarkeit der Hündin
Unruhe
Wundheilung schlecht, oft eitrig
Zahnprobleme, Zahnfleischvereiterungen, Zahnfleischbluten, Zahnfleischentzündungen chronisch, faulig riechende Absonderungen, Zahnwurzelvereiterung

Er ist dominant und versucht sich seinem Besitzer gegenüber durchzusetzen. Er liebt es, durch die schmutzigsten Ecken zu stöbern, in kaltem Wasser zu baden und er wälzt sich gern und oft in stinkendem Kadaver oder Dreck.

Die Ergänzungsmittel Nr. 13 bis Nr. 24

Abschließend möchte ich noch kurz auf die Ergänzungs- oder Erweiterungsmittel hinweisen. Dr. Schüßler selbst beschränkte sich nur auf die von mir beschriebenen zwölf Mineralsalze. In den meisten Fällen kommen auch in meiner praktischen Arbeit nur diese zwölf Salze zum Einsatz. Sie sind meines Erachtens völlig ausreichend.

Vertreter der Biochemie haben jedoch darauf hingewiesen, dass es heute genauere Analyseverfahren gibt, mit denen man in der Lage ist, weitere Mineralstoffe nachzuweisen. Es sind daher zwölf weitere Mineralsalze in die „biochemische Therapie" aufgenommen worden, die die Bezeichnung Nr. 13 bis Nr. 24 erhalten haben. Diese Erweiterungs- oder Ergänzungsmittel stellen für einige Schüßler-Anwender eine wertvolle Unterstützung dar, wenn mittels der Therapie mit den „klassischen" zwölf Salzen keine weitreichenden Erfolge erzielt werden konnten.

Die zusätzliche Verwendung der Ergänzungsmittel möchte ich dem Anwender selbst überlassen, gebe aber zu bedenken, dass der Erfolg einer Behandlung mit den zwölf Original-Schüßler-Salzen von einigen Faktoren beeinflusst werden kann, die in keinem Zusammenhang mit der Wirkung der Salze stehen. Sei es, dass der Schüßler-Anwender aus Unerfahrenheit das „falsche" Salz gewählt hat oder dass Fehler bei der Verabreichung der Salze (etwa das Mischen unter Dosenfutter) gemacht wurden. Vielleicht war aber auch einfach die Dosis zu gering oder die Dauer der Verabreichung zu kurz. Trotzdem möchte ich auf die Ergänzungsmittel eingehen und diese zumindest in Kurzform vorstellen:

Nr. 13: Kalium arsenicosum (D6)

Hier besteht eine deutliche Verbindung zur Haut, das Mittel ist somit bei allen schwer beeinflussbaren und chronischen Hautleiden mit starkem Juckreiz einzusetzen. Es wirkt unterstützend bei allen Erschöpfungszuständen, Erkrankungen des Verdauungstraktes und wasserartigen Durchfällen wie auch bei Neuralgien, Lähmungen und Krämpfen.

Nr. 14: Kalium bromatum (D6)

Durch den Bezug zum Nervensystem findet das Salz bei allen nervösen Beschwerden Anwendung. Bei Schilddrüsenfunktionsstörungen, nervösen Unarten und Unruhe bis hin zur Hysterie kann das Salz zusätzlich eingesetzt werden.

Tipp

Versuchen Sie sich für die praktische Anwendung zunächst auf die zwölf Orginal-Schüßler-Salze zu beschränken und nehmen Sie sich Zeit, sich mit ihnen vertraut zu machen. Die gewünschte Wirkung wird sich dann zeigen.

Nr. 15: Kalium jodatum (D6)

Hier besteht ebenfalls eine wichtige Beziehung zur Schilddrüsenfunktion, darüber hinaus kann auch auf den Blutdruck, die Herz- und Gehirntätigkeit und den Stoffwechsel eingewirkt werden. So wird der Appetit angeregt und die Verdauung gefördert. Ältere Hunde können von Nr. 15 profitieren, da die Funktion der genannten Organe unterstützt und die allgemeine Aktivität gesteigert werden kann.

Nr. 16: Lithium chloratum (D6)

Lithium ist allgemein durch den Einsatz bei schweren nervlichen Belastungen des Menschen bekannt. Ebenso soll es bei allen Harnwegsinfekten zur Unterstützung der Schüßler-Hauptmittel eingesetzt werden.

Nr. 17: Manganum sulfuricum (D6)

In Kombination mit dem Hauptmittel Nr. 3 Ferrum phosphoricum soll es zur Wiederherstellung bei allen Erschöpfungszuständen ergänzend beitragen, vor allem zur maßgeblichen Unterstützung bei Blutarmut. Auch bei Durchblutungsstörungen und Kreislaufpro-

Kalium jodatum steigert allgemein die Aktivität, wovon insbesondere ältere Hunde profitieren.

blemen kann das Salz Nr. 17 in Verbindung mit Nr. 3 zum Einsatz kommen. Erfahrungsgemäß sollten die Tabletten Nr. 3 und Nr. 17 im Verhältnis von zehn zu eins dosiert werden.

Nr. 18: Calcium sulfuratum (D6)

Es ist ein noch sehr wenig bekanntes Salz. Die Rede ist lediglich von einer Zusatzgabe bei starkem Gewichtsverlust und Erschöpfungszuständen sowie bei eitrigen Hauterkrankungen.

Nr. 19: Cuprum arsenicosum (D6)

Zur Unterstützung des Schüßler-Salzes Nr. 7 wird es bei allen Krämpfen und Koliken, vorwiegend im Magen-Darm-Trakt, sowie im Harnsystem eingesetzt.

Nr. 20: Kalium aluminium sulfuricum (D6)

Auch bei diesem Salz findet man einen Bezug zum vegetativen Nervensystem (Magen-Darm, Blase, Niere).

Nr. 21: Zincum chloratum (D6)

Dieses Salz findet Anwendung bei allen Problemen, die mit Juckreiz, nervöser Unruhe und Überreizung einhergehen.

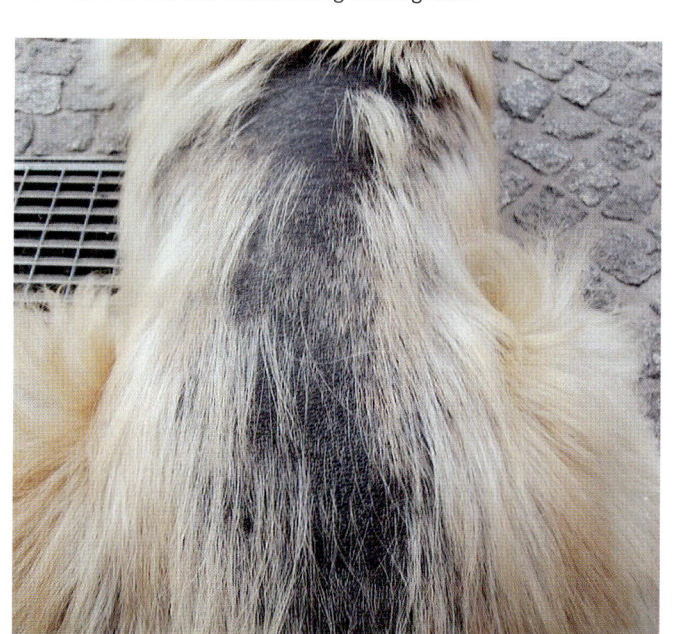

Fellprobleme lassen sich gut mit einer Kombination von Zincum chloratum und anderen Salzen behandeln.

Die Schüßler-Salze

Nr. 22: Calcium carbonicum (D6)
Das Salz ist vor allem bekannt als ein wichtiges Konstitutionsmittel in der klassischen Homöopathie. Es wird gern bei chronischen Krankheiten, Erschöpfungszuständen und Rekonvaleszenz angewendet sowie bei allen Erkrankungen, die mit dem lymphatischen System zusammenhängen, wie Erkrankungen der oberen und unteren Luftwege und alle Schleimhauterkrankungen, vor allem bei denjenigen, die schon lange bestehen.

Nr. 23: Natrium bicarbonicum (D6)
Es kann angewendet werden zur Unterstützung bei Übersäuerung und bei allen Erkrankungen, die mit Säurebelastungen des Körpers einhergehen (chronische Entzündungen). Ebenso wird über positive Resultate bei Diabetes mellitus und deren Folgeschäden berichtet.

> **Tipp**
>
> *Bei Diabetes eignet sich eine Kombination aus Nr. 23 und dem Salz Nr. 10.*

Nr. 24: Arsenicum jodatum (D6)
Man sagt diesem Salz eine Wirkung bei allen allergischen Haut- und Atemwegserkrankungen nach sowie bei chronischen Entzündungen der Schleimhäute (lymphatisches System). Arsenicum jodatum ist auch in Form von Salbe, Creme oder Gelee ausgezeichnet für die äußere Anwendung geeignet.

Äußere Anwendung von Schüßler-Salzen
In unserer Praxis wähle ich Mineralsalzcremes und -salben, die frei von Farb- und Duftstoffen sind und ohne Parabene und Mineralölbestandteile wie Vaseline oder Paraffin hergestellt werden. Deren äußerliche Anwendung garantiert dem Tier eine weitestgehend belastungsfreie Therapie, in der vor allem allergische Hautreaktionen und ein Allergie auslösendes Potenzial von vornherein vermieden werden.

Nr. 1: Calcium-fluoratum-Salbe
Rissige Haut, trockene, rissige Ballen, Eiterungen am Nagelbett, eiternde Fisteln sowie eiternde Hautareale heilen durch häufiges Eincremen schneller aus. Anzuwenden ist Nr. 1 auch bei Drüsenverhärtung (Lymphknoten), Narbengewebe, Bänder- und Sehnenschwellungen (hier auch Umschläge mit den Salben). Ebenso sinnvoll ist der Einsatz bei Bänderdehnung und Bänderzerrung, Leistenbruch oder Narbenbruch. Bei schwachen Gelenken kann die Salbe täglich einmassiert werden.

> **Tipp**
>
> *Für die äußerliche Anwendung von Schüßler-Salzen sollten Sie Salben und Cremes verwenden, die auf natürlichen Rohstoffen/Ölen basieren und ohne Farb- und Duftstoffe hergestellt werden.*

Alle Schüßler-Salze sind als Salben erhältlich. Man kann aber auch die Tabletten pulverisieren und das Pulver für Umschläge benutzen.

Gewebeerschlaffung nach Trächtigkeit und Geburt kann entgegengewirkt werden, indem nach Absetzen der Welpen vorsichtig der Bauch der Hündin massiert wird, die Rückbildung wird erleichtert. Bei Knotenbildung des Gesäuges während der Trächtigkeit vorsichtig Salbe oder Creme Nr. 1 auftragen, bei Afterinrissen oder Einrissen des Geburtskanals mehrmals täglich.

Nr. 2: Calcium-phosphoricum-Salbe

Anzuwenden bei Bildung einer Knochenwucherung oder eines Überbeins sowie zur Unterstützung der Knochenheilung. Stellt man bei jungen Hunden eine Knochenschwäche fest, kann man dort die Salbe oder Creme auftragen, vor allem wenn man feststellt, dass der Hund sogenannte Wachstumsschmerzen hat. Für den alten Hund hat sich das Einmassieren der Salbe gegen Schmerzen bei Wetterwechsel und feuchtem, kaltem Wetter bewährt. Bei chronischen Ekzemen mit weißlich gelblicher Absonderung und Krustenbildung die Salbe dünn auftragen. Muskelverspannungen lassen sich durch großflächiges, leichtes Einmassieren der betroffenen Körperareale lösen, in der gleichen Weise kann nach starker körperlicher Anstrengung einem Muskelkater vorgebeugt werden.

Nr. 3: Ferrum-phosphoricum-Salbe

Erste-Hilfe-Mittel bei Prellungen, Quetschungen, Schürfungen und Verstauchungen. Hier kann es sinnvoll sein, Waschungen mit abgekochtem Wasser vorzunehmen, in dem Tabletten der Nr. 3 aufgelöst sind. Es können auch Umschläge gemacht werden. Bei Entzündungen, wenn Rötung, Schwellung, Brennen und Druckempfindlichkeit auftreten, die Salbe dünn auftragen. Sie ist außerdem bestens zur Wundheilung geeignet. Daneben hat es sich bewährt, Pulver (zerstoßene Tabletten) auf die betroffenen Stellen zu streuen. Wunde Stellen, die sich durch Liegen gebildet haben, können ebenfalls mit der Salbe behandelt werden.

> **Tipp**
>
> *Bei Entzündungen kann man die Tabletten auch gut zerstoßen und als Pulver auf der betroffenen Stelle verteilen.*

Nr. 4: Kalium-chloratum-Salbe

Das Mittel der zweiten Entzündungsphase ist einsetzbar bei Schwellung durch Entzündung oder Verletzung. Bei Hunden, die auf Insektenstiche mit Schwellung und Entzündung reagieren, sollte die Salbe Nr. 4 umgehend und wiederholt auf die Einstichstelle aufgetragen werden. Die Salbe ist ebenfalls anzuwenden bei

> **Info**
>
> **Salbenwickel bei empfindlicher Haut**
>
> *Bei empfindlicher Haut, die schon öfter allergische Reaktionen auf Salben gezeigt hat, erweist sich die Anwendung eines Umschlags oder Wickels als bewährte Alternative. Dabei geht man folgendermaßen vor: Etwa 20 Tabletten werden in wenig lauwarmem Wasser zu einem flüssigen Brei verrührt, dieser wird auf ein sauberes weißes Leinentuch (am besten frisch gebügelt und somit frei von Bakterien und Parasiten) gegeben und auf die betroffenen Körperstellen platziert. Sollte eine Fixierung nicht möglich sein, kann man das Tuch auch nur einige Minuten auf die Hautpartie auflegen und die Salze einwirken lassen.*

Salben für die äußere Anwendung verhelfen zu einer gesunden Haut, einem glänzenden Fell und stabilen Gelenken.

Schuppenflechte und mehlartigen Hautausschlägen, gegen Sehnenschwellung können Umschläge helfen. Bei Flechtenbefall oder Hautausschlägen hat sich auch ein Bad mit Mineralsalzen bewährt. Hier empfehle ich das Basenbad der Firma Starfit. Es enthält die Mineralsalze Nr. 4 und Nr. 6, Edelsteinpulver sowie Seesalze und lässt sich sehr leicht und angenehm anwenden.

Nr. 5: Kalium-phosphoricum-Salbe

Bei eitriger Hautinfektion, die einem Nesselausschlag gleicht, bei schlecht heilenden Wunden oder Hautirritationen mit übel riechender Absonderung sowie bei Geschwüren die Salbe oder Creme dünn auftragen. Gegebenenfalls kann auch Pulver auf die Wunden gestreut werden. Bei Gewebequetschungen, Nervenschmerzen und Rückenverspannungen wird zu einer großflächigen Massage mit Salbe oder Creme geraten. Auch Muskelkrämpfe, Lähmungen oder durch Überanstrengung entstandene Bewegungseinschränkungen können durch Einmassieren der Salbe gelindert werden. Hier haben sich Umschläge oder Packungen ebenfalls bewährt. Bei nervösem Hautjucken sollte die Salbe oder Creme mehrmals am Tag aufgetragen werden.

Nr. 6: Kalium-sulfuricum-Salbe

Das Mittel der dritten Entzündungsstufe. Die Salbe oder Creme wird gegen rheumatische Rücken- oder Gliederschmerzen großflächig auf der ganzen Länge der Wirbelsäule, entlang der Hüften und, wenn nötig, bis zum Ober- und Unterschenkel aufgetragen oder einmassiert. Bei Hautveränderungen mit Eiterbläschen, Nasenentzündungen, chronischer Lidrandentzündung, Hautproblemen wie übermäßiger Schuppenbildung mit Juckreiz, Ekzemen sowie allen Oberhautveränderungen die Salbe oder Creme vorsichtig dünn auf die entsprechenden Areale auftragen. Hier kann auch das Basenbad (siehe links) zum Einsatz kommen. Dies sollte dann mehrmals in der Woche durchgeführt werden.

Nr. 7: Magnesium-phosphoricum-Salbe

Reduziert Muskelspannungen, etwa bei nervösem Hautjucken (die Kombination der Salben Nr. 5 und Nr. 7 hat sich hier besonders bewährt). Areale mit Nervenschmerzen sollten besonders schonend eingecremt werden. Bei Hautaffektionen, die durch nervliche Überlastung bedingt sind (blutig gekratzte Hautpartien, die sich entzünden können), sollte ein Umschlag mit in Wasser gelösten Tabletten der Nr. 7 erfolgen. Auch bei Bauchkrämpfen und Blähungen hat sich ein warmer Umschlag mit Nr. 7 bewährt.

Nr. 8: Natrium-chloratum-Salbe

Reguliert den Flüssigkeitshaushalt. In Phasen von Bläschenbildung und wässrigen Hautabsonderungen sowie bei trockenen Aus-

---

Info

Waschungen und Bäder

Mit den Salzen lassen sich auch Bäder oder Waschungen durchführen: Hierfür das entsprechende Salz in einen mit lauwarmem Wasser (nicht mehr als 38 °C) gefüllten Eimer geben (auf zehn Liter 30–60 Tabletten), den Hund sicher in die Badewanne stellen und nun mithilfe einer Plastikkanne die vorbereitete Mineralsalzflüssigkeit über die zu behandelnden Stellen gießen. Den Hund anschließend nicht abbrausen, sondern nur vorsichtig trocken reiben und ihn auch im Laufe der nächsten Viertelstunde nicht föhnen.

schlägen mit weißlichen Schuppen haben sich Waschungen mit in Wasser aufgelösten Tabletten der Nr. 8 bewährt. Anschließend sollte die Creme dünn aufgetragen werden. Insektenstiche, die eine Schwellung der Haut hervorrufen, umgehend mit Salbe Nr. 8 behandeln. Bei leichten Verbrennungen und Sonnenbrand kann die Creme Nr. 8 dem Hund Linderung verschaffen. Auch bei Hautpilzerkrankungen sollte die Creme oder die Salbe zur Anwendung kommen. Bei Fließschnupfen eine kleine Menge der Salbe in das Nasenloch geben.

Nr. 9: Natrium-phosphoricum-Salbe

Bei Sehnen- und Gelenkproblemen hat sich die Anwendung der Salbe Nr. 9 in Verbindung mit den Salben Nr. 8 Kalium chloratum und Nr. 11 Silicea bewährt. Hierzu eine Mischung aus allen drei Salben herstellen und auf die betroffenen Stellen auftragen. Großflächig, aber dünn sollte Salbe Nr. 9 regelmäßig bei Furunkeln, Drüsenschwellung, Schwellung der Talgdrüsen, rheumatischer Schwellung der Gelenke aufgetragen werden.

Nr. 10: Natrium-sulfuricum-Salbe

Bei Hautausschlägen mit grünlich gelblichen oder grünlich eitrigen Absonderungen hat sich eine Waschung bewährt. Hierzu in lauwarmem Wasser je nach benötigter Wassermenge 20–40 Tabletten auflösen und die Hautflächen damit abwaschen. Die Salbe sollte bei Hautpilzerkrankungen zur Anwendung kommen (hier hat sich die Mischung mit der Salbe Nr. 8 bewährt). Dünn aufgetragen auf die schmerzenden Areale, kann die Salbe oder Creme auch bei Nervenschmerzen eingesetzt werden, ebenso bei Frostbeulen. Bei Schnupfen ein wenig Salbe in die Nasenöffnung geben.

Nr. 11: Siliceasalbe

Sie wird auch als Nährcreme für Haut und Bindegewebe angewendet. Bei trockener Haut, Hauteinrissen (hier gut in Kombination mit Nr. 1), Pilzbefall der Haut und Ekzemen, vor allem zwischen den Zehen, ist Siliceasalbe hervorragend einzusetzen. Ebenso bei schmerzhaftem Narbengewebe, Schmerzen der Wirbelsäule oder schmerzhafter Bewegungseinschränkung. Hier sollte eine Massage mit der Salbe oder der Creme erfolgen. Sinnvoll ist in diesem Fall auch die Mischung der Salben Nr. 5, Nr. 7 und Nr. 11. Siliceasalbe hilft außerdem bei Abszessen, Geschwüren, Furunkeln und Eiterpusteln, vor allem dann, wenn der Eiter nicht abfließen kann. Hier

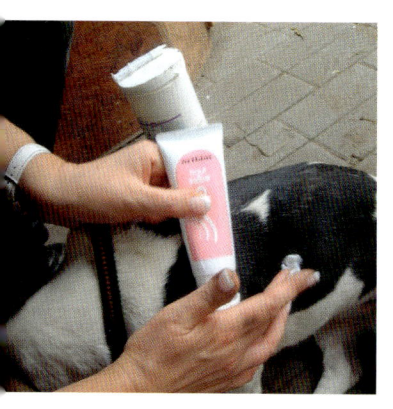

Die Salbe Nr. 9 hilft, großflächig aufgetragen, bei Schwellungen aller Art.

> **Info**
>
> **Das Orthim-Basenbad**
>
> Die Firma Orthim stellt ein Basenbadsalz (Mischung von Mineralsalz Nr. 4 und Nr. 6) her, das hervorragende Eigenschaften bei Stoffwechselstörungen und Hautproblemen aufweist. Hierzu werden in einem 10-Liter-Eimer etwa ein bis drei Esslöffel des Basenbadpulvers aufgelöst und die Flüssigkeit als Bad, als Abreibung oder für einen Umschlag verwendet.

sollte man entweder die Salbe mehrmals dick auftragen oder einen Umschlag machen. Bei Blutergüssen wirkt die Salbe in Kombination mit Nr. 3 abschwellend, entzündungshemmend und schmerzlindernd.

Nr. 12: Calcium-sulfuricum-Salbe

Bei Steifheit und Bewegungseinschränkungen kann die Salbe auf die betroffenen Gelenke aufgetragen werden. Anzuwenden ist sie vor allem, wenn sich ein Eiterherd geöffnet hat. Bei Furunkeln, Abszessen, Fisteln und Karbunkeln können sowohl ein Umschlag als auch Waschungen mit abgekochtem Wasser und darin aufgelösten Tabletten der Nr. 12 sinnvoll sein. Bei Vereiterungen des Zahnfleisches wird die Salbe oder Creme um den Entzündungsherd herum aufgetragen. Das kann sich mitunter als schwierig erweisen, da nicht jeder Hund die Salbe als schmackhaft empfindet. Hier besteht auch die Möglichkeit, einen Tablettenbrei herzustellen, den man dann nahe an der entzündeten Stelle in die Lefzentasche gibt. Wird ein Hund von Ohrenentzündung und -vereiterung gequält, kann man vorsichtig und mit wenig Wasser eine Waschung des äußeren Gehörgangs durchführen. Eine Verwendung von Salbe für die Ohren ist nur unter größter Sorgfalt vorzunehmen und ausschließlich auf den äußeren Gehörgang zu beschränken.